U0947758

BLUFF

The Game Central Banks Play and How it Leads to Crisis

虚张声势

欧美央行的出牌逻辑与宏观调控思路

[英]安于姆·霍达（Anjum Hoda）◎著

姜忠伟◎译

北京联合出版公司
Beijing United Publishing Co.,Ltd.

图书在版编目（CIP）数据

虚张声势 ：欧美央行的出牌逻辑与宏观调控思路 / (英) 安于姆 · 霍达著 ；姜忠伟译. -- 北京 ：北京联合出版公司，2018.4

ISBN 978-7-5596-1195-6

Ⅰ. ①虚… Ⅱ. ①安… ②姜… Ⅲ. ①中央银行－研究－欧洲②中央银行－研究－美国 Ⅳ. ①F835.03 ②F837.123

中国版本图书馆CIP数据核字(2017)第263182号

北京市版权局著作权合同登记号：图字 01-2017-7489 号

虚张声势：欧美央行的出牌逻辑与宏观调控思路

作　　者：[英] 安于姆 · 霍达
译　　者：姜忠伟
选题统筹：慢半拍 · 马百岗
产品经理：慢半拍 · 张志元
责任编辑：管　文
装帧设计：异一设计
版式设计：森　林

北京联合出版公司出版
（北京市西城区德外大街83号楼9层　100088）
北京联合天畅发行公司发行
北京凯达印务有限公司印刷　新华书店经销
字数240千字　880毫米×1230毫米　1/32　7.5印张
2018年4月第1版　2018年4月第1次印刷
ISBN 978-7-5596-1195-6
定价：49.00元

我看到，真正的自由行走于大街小巷祈求接纳，人们却嗤之以鼻；而堕落招摇过市，人们却趋之若鹜，以为这才是真正的自由。

——梦境·纪伯伦

BLUFF: THE GAME CENTRAL BANKS PLAY AND HOW IT LEADS TO CRISIS

目录

INTRODUCTION
序言

约瑟夫·海勒花了7年时间才写出《第二十二条军规》，青少年时期读这本书时我心里一直有一个萦绕不去的困惑：一个人怎么能够花这么长的时间写一本书呢？直到时间飞逝，人世的历练将曾经的青涩打磨殆尽。我第一次打算写这本书是在2009年，可满怀激情地创作了10个月后激情不再，然后就放下了。

时间到了2012年秋天，我受邀参加新公司的一个晚宴。当我在宴会圆桌前找到自己的名牌就坐后，其他部门的一个同事来到我旁边坐下。他瞟了一眼我的名牌后突然变得很愤怒，双手一边在空中挥舞着一边大声说：“我的工作马上就要没了，就是被你们这些人搞的！”我尽量保持善意并且微笑以对。

晚宴进行到一半时，一位坐在桌子对面的董事会成员开始跟我聊天，当他开始说话时其他人都停下来倾听：“我之前好像没有见过你，你是新来的吗？”我回答道：“是的，最近才加入。”

“那你之前是干什么的？”他接着问。我向他讲述了自己之前的职业生涯和工作经历，然后他回说：“你的工作跟利率有关啊，利率对我们公司的业务也极其重要，你觉得美国国债利率会涨吗？”

“如果利率真涨了，所有其他东西都会崩溃。我觉得央行不敢上涨利率，除非市场出现变故。所以现在是买入政府债券的最佳时机，不容错过。”

“那你觉得会发生这样的市场变故吗？”

“不，我觉得不会发生，”我咧开嘴笑笑，想让话题轻松一点，接着打趣道，“可能也有点担心，所以我没敢抵押贷款买房。”

就在这时，我听到坐在我旁边的一位先生用鼻子发出不屑的声音，说道：“你看，这就是这些搞金融的吸血鬼！”他话里的意思是：“你看这些吸血鬼，他们攫取纳税人的利益养肥了自己，所以他们都不用贷款，就可以全款在伦敦买房子！”我被他粗鲁的表现惊呆了，也有些后悔自己说出来的话会让他产生这样的误解，因为这完全不是我想表达的意思，事实也不是这样。我之所以没有抵押贷款是因为我根本没买房子，而是租房子住。

那晚回到家我心里反复在思考公众对我们的误解，对金融危机原因的误解，所以我又兴起写完这本书的念头。在我20年金融业的从业经历里，我确实看到过恐惧、无助以及激烈竞争等人性中不好的一面，但就整体而言我所见到的都是最优秀、最敬业的员工，他们拥有良好的职业道德并且时刻为公司追求丰厚收益。在这20年里我从未见到过外界所说的欺诈与哄骗等恶劣手段。

时间又一直延续到2013年下半年我才开始全身心投入到写作中，上半年我把一系列事情都处理好了，这样就可以留出足够时间来写作。经过6个月的高强度创作后，我把一稿拿给一个我很看重的人，希望他能给出一点修改意见。他看完后告诉我这个主题选得非常棒，但是行文风格不好。但这对我来说已经是个很大的鼓励了。

我推翻一稿重新开始写作。与此同时，大卫・海姆公司的安德鲁・戈登给我提供了许多十分有益的建议，教我如何把握叙事方式和全书结构。我还要感谢一下世界出版社出版这本书，感谢时任编辑迈克・哈普雷首先注意到我这个选题并且促成出版，因为一般讲述华尔街贪婪与奢靡的书都比较好卖。我还要感谢本·萨姆纳，他的社评十分宝贵且有益。

最后，我要将此书献于我的父母，他们将我带到世间，教会我努力工作的价值以及平淡生活的真谛。

伦敦，英格兰

BLUFF: THE GAME CENTRAL BANKS PLAY AND HOW IT LEADS TO CRISIS

第一篇

简论

第一章

为什么要质疑

约翰·斯图尔特·密尔在其1895年出版的作品《论自由》中写道：

> 当今时代是一个既缺乏信任又惧怕怀疑的时代，人们相信别人说的话不是因为话本身有道理，而是因为他们不知道如果不相信这些说辞自己该怎么办。大众之所以包容一些观点，并不是由于人们对其深信不疑，而是因为承受不了推翻这种观点的后果，所以不得不睁一只眼闭一只眼。

过去150年来，密尔这段用来讽刺人们缺乏怀疑精神的箴言一直颠扑不破，而且用来形容人们今天对央行的态度也恰如其分。货币在经济中具有交换媒介和价值储藏的职能，央行作为货币的调控者在今天的经济社会发展中早已占据重要地位。所以很少有人会去质疑央行的经济决策，这并不是说人们认为它的决策是对的，而是因为其在社会经济中所扮演的重要角色不可或缺。央行鼓吹长期低利率导致的货币贬值和购买力下降有利于以后经济平稳健康的发展，人们对这种说法无可奈何。但现实中大众对纸币已经失去信心，转而将财产进行风险投资。由此导致的投资热在短期内炒热了楼市、股市、黄金及其他资产。而且由于政府债台高筑，人们害怕政府会因此积极鼓励通胀减轻债务负担，这种顾虑进一步加剧了这股投资热潮。

虽然自20世纪90年代起房价和股市一路攀升，但人们的收入却没有相应提高。结果就是低利率导致资产价格飙升，但价格上涨并不是建立在消费者收入对应增长的坚实基础之上。因此，央行每次加息都会让投资者蒙受损失，进一步则会让经济陷入困境。尽管资产价格一直持续波动，我们却把持续通胀和频繁的利率调控作为刺激经济的灵丹妙药。

我们之所以不愿质疑央行的决策主要源于一种恐惧，害怕股票、债券和房地产市场将不再是财富的象征，反而成为威胁财富的源头。当就业疲软、通胀压力过大时人们就会把钱投向楼市和股票债券市场，因为这些行业来钱更快，但这些高收益的风险投资也会带来隐患，最终绑架整个国计民生。这也是我们不愿正面质疑央行的原因：每个风险投资人都想让资产升值而不是贬值。所以除了依靠央行不断降息来支撑金融市场之外我们别无选择。

人们普遍认为，商业银行及投资银行的银行家和交易员们的贪婪和欺诈是造成2007—2009年金融危机的主要原因。然而事实却是，即使在后金融危机时期，商业银行和投行的行为得到有效管控后，房地产和金融市场仍然动荡不安。这种经济动荡证明金融危机另有原因。商业银行的经营模式是吸收储户存款，将小部分资金用于日常储户提取，而将其余大部分出借给商业公司、个人或者购买融资者发行的各种债券。银行借此获得的收益远高于其向储户支付的利息。这种商业模式跟健身房的运营是一个道理，健身房办健身卡的人远比健身器材的数量多，但健身者不会一下子同时来健身房锻炼，所以健身房可以放心大胆地招徕顾客。同理，银行知道储户不会一下子都来提款，这样他们就有大量结余资金用于长期投资。

话虽如此，但银行一方面进行长期风险投资，另一方面要满足储户随时提取现金的要求，如果在这期间发生挤兑行为的话，银行就会陷入困境。为了回笼资金，银行只能提前收回贷款或出售资产，这就会导致商业衰退，失业加剧，风险债券收益降低以及房价和股价下跌。

这种情况会迅速恶化，因为所有的银行都会努力筹集现金应对挤兑，进而加剧经济衰退和损失，最后银行和投资者会避免进行风险投资，导致经济持续恶化，最终陷入恶性循环之中。为了防止经济崩溃，作为政府独立部门的央行就要以最终贷款人的身份出面干预（本书所指央行是指英格兰银行和美联储）。贷款和债券的本质是借款人承诺在远期连本带利支付本息，商业银行可以通过扣除贴现利息的方式向央行贴现。因此央行为了稳定金融市场，会在扣除利息或以市价折现的基础上给银行提供现金贷款。

在央行出面承担起稳定金融市场的重任之前，人们经常会因为对银行的不信任激起金融恐慌。沃尔特·迪斯尼的名著《欢乐满人间》就以简练的笔墨讲述了一个有关经济恐慌蔓延的精彩绝伦的故事。故事的背景设定在二十世纪早期，乔治·班克斯是伦敦富达信托银行的一名业务精英，有一天他领着自己的儿女简和迈克尔参观他工作的地方。他带孩子去见自己的老板银行董事长老道斯先生，老道斯先生为了教育孩子从小理财的观念，拿走迈克尔口袋里的两便士零钱大谈特谈投资非洲铁路或尼罗河大坝的收益。但小迈克尔对投资什么非洲铁路和尼罗河大坝根本没有兴趣，他只想拿着自己的两便士去买鸟食，所以扯着嗓子大喊，想要从老道斯那儿要回他的钱。但他不知道自己冒失的喊叫已经引起屋外人们的恐慌和挤兑——听到他惊慌喊叫声的顾客们纷纷挤到柜台前贴现，害怕银行已经没有钱可支付。

《欢乐满人间》的背景设定在爱德华时代的英国，正值大英帝国实力如日中天，金融业极其发达之时，但书中的故事却取材于大洋彼岸的美利坚合众国。美国内战之后，经济一直受到银行业破产问题的困扰。在 1873、1884、1890、1893 年和 1907 年，经济衰退导致大量私人银行破产，而私人银行破产反过来又加剧了人们对未来经济的恐慌情绪，蜂拥挤到其他资金状况良好的银行进行挤兑，最后这些银行也被挤兑破产。在面对储户疯狂要求提取现金时，银行会暂时停止支付存款，但这只会加剧储户心中的恐慌。为了筹集现金，银行会被迫停止贷款给商业公司和个人，造成流动资金短缺，暂时的经济波动最终演变成毁灭性的经济衰退。

1907 年的银行恐慌对经济的影响非常大，货币改革已经迫在眉睫，最终的产物就是 1913 年 12 月成立的美联储。美联储成立之初的主要目的是以联邦储备券的形式为银行提供“弹性货币”，当银行需要的时候可以迅速提供大量货币，等经济形势稳定下来再收回。这样美联储可以在银行缺乏流动性或面临挤兑时迅速提供帮助。银行可以向美联储借贷，也就无须节制贷款业务或停止向储户付款，虽然短期对流动性的需求会有一个小高峰，但从长远来看经济整体的流动性还得保持平稳。

银行破产是美国 1929—1933 年经济危机进一步恶化的主要原因。信贷紧缩以及银行廉价抛售资产回笼现金导致物价狂跌、商业衰退和债务违约，这些反过来又进一步重创银行业。美联储的主要责任就是稳定银行系统，所以后来政客们和经济史学家认为美联储并没有发挥其帮助银行业和实体经济的作用。

认为美联储没发挥应有作用的言论一直存在，至少美联储上任主席本·伯南克和他的前任一直没忘。截止到 2008 年 9 月，不管是在金融市场还是数以百万的美国家庭中，债务风险都极其高，最终次贷危机爆发，雷曼兄弟宣布破产。虽然误判形式导致雷曼兄弟破产，美联储随后还是行使最后贷款人的角色给金融市场提供了现金。美联储最终拯救了全球经济，但颇为讽刺的是，它们也是造成全球金融危机的罪魁祸首，这场危机以 2007 年次级房贷债务违约为肇始，在雷曼兄弟破产时达到高潮。

短期内提供大量弹性货币的权力让美联储能够随时随地以最终贷款人的名义给金融机构提供贷款，英格兰银行同样拥有该职能。然而，央行通过改变存贷款利率以及人为制造通货膨胀的方式可以影响经济增长和就业。为了理解央行的问题出在哪里，我们首先要弄清央行的主要身份和职责，包括行使最后贷款人的权力，促进经济增长率和就业率提升的责任。

央行管理经济运行的手段主要是虚张声势：通过降息可以让更多的资金投入到实体经济中，刺激社会经济全面繁荣、就业增加以及工资上涨。最初，更低的融资成本让投资者大举投资风险金融资产，如股市、企业债券还有房地产，他们预期工资上涨会给人们提供足够的购买力支撑这些资产的价格。同时通货膨胀的损失已经超过人们把钱存在银行里或投资无风险国债的收益，这会刺激人们把钱投到风险投资中。这股投资热潮看似蓬勃发展，但并不一定会如投资者所愿促进消费者工资上涨。消费者没有加薪，所以购买力也没有提高，企业面对虚高的资产价格以及高负债，只有依靠央行继续降息才能活下去，幻想着经济马上就会繁荣起来。所有这些因素让风险投资继续保持吸引力，危害就在于一旦投资者改变想法或者融资成本上升，资产泡沫很快就会破灭。

如果资产价格不受低利率的影响，央行虚张声势的把戏可能会使人们工资增加。但2007—2009年的金融危机证明央行的把戏行不通。由于银行家、投资者还有交易员们在这场由央行推动的短期泡沫中赚了许多钱，央行正好拿这作为口实指责是他们的贪婪引发金融危机，而非自己的责任。

第二章

虚张声势的动机

在英文字典里，Bluff 这个单词的动词形式有三个意思：一、误导或欺骗；二、假装自信让某人印象深刻或阻碍对方做某事，恐吓；三、（在纸牌赌局中）下重注在心理上吓倒对方。

似乎指责央行假装自信误导民众听起来不仅很荒谬，而且没有明显动机。一个能够改变利率并且向社会提供无限流动性的实权机构怎么会对自己掌控经济运行的能力如此不自信，沦落到要靠误导民众才能发挥其作用呢？

老话说得好，“你能把一匹马拉到河边，但不能强迫马喝水。”央行确实可以调低借贷利率，但却无法保证民众也会乖乖遵循其意志进行贷款投资。我们可以用“囚徒困境”的思维来考虑人们对低利率的反应，这样就能够理解央行虚张声势背后的动机了。本质上来说，人们担心别人的行动会对自己的利益造成影响，所以他们对此非常敏感。

囚徒困境讲的是两个犯罪嫌疑人被抓后单独关押在不同的牢房，他们虽然有犯罪嫌疑但检察官没有足够明确的证据起诉他们，只能对他们稍作惩戒。最后检察官向两个囚犯分别提出一项交易：如果他能够指认同伴犯罪，那么他就可以无罪释放而对方会接受法律的严惩；如果他们俩相互指认对方的话，那么最终他们俩都会被重刑惩处，所以对他们来说最好的结果就是都保持沉默，这样只要接受很轻的处罚就能出狱。但是因为这两个犯罪嫌疑人都担心对方会背叛自己，他们都会为了自己利益最大化而接受检察官的提议，所以他们不会选择相信对方保持沉默，理性让他们选择了一个很坏的结果，接受比原来重得多的刑罚。

假设现在失业率居高不下，有 1/5 的人口处于失业状态，为了缓解这种困境，央行会降低利率，鼓励企业贷款扩大生产规模，购买更多机器设备并且雇用更多员工就业。但事情真的会像想象中这么顺利吗？以一个负债的制鞋商为例，低利率会降低他的债务负担，在鞋子价格不变的情况下利润增加，但他在如央行所愿购买更多机器，雇用更多工人生产更多鞋子之前，他首先要确认人们已经就业并且有钱进行消费，至少是消费者有花钱消费的苗头那他才能放心大胆地扩大生产。玩具制造商也持同样心理：如果其他企业已经雇用更多工人，这样人们手里就有钱消费了，只有这样，生产出来的玩具才能卖出去。

很显然雇用更多员工符合所有人的利益：如果更多人能够工作挣钱，就会有更多的钱用于消费，这样企业就能够获得更多利润。但企业会担忧如果他们扩大生产的话别人不会同步行动，如果大众消费者找不到工作，他们就会节衣缩食减少开支。当企业与消费者对彼此的动机都持怀疑态度时，找到工作的人只会越来越少，不仅整体而且个人挣到的钱也会越来越少，因为剩余劳动力把工资拉低到很低的水平。大众此时就会像囚徒困境中的囚徒一样选择一个坏结果，而不是选择彼此相信。想要通过低息贷款刺激经济增长，人们必须克服自己内心的怀疑，相信对方的选择。

就是因为这种怀疑和不信任导致低利率无法达到预期效果，这也是央行为什么要虚张声势的原因，在必要情况下甚至用强硬措施促使公众消费。它们一开始预测降低借贷成本后公众会踊跃消费，因为还贷成本低会刺激消费者的消费心理，但很快央行就不得不把利率降到通胀率以下，把钱存进银行里获得的利息已经无法弥补通货膨胀导致的货币贬值。如果这样还不奏效，它们的威胁就会变得更加赤裸裸：央行保证在很长一段时间内它们不会加息。它们相信这样做会逼得最抠门的吝啬鬼花钱消费，让最不愿意冒险的人把钱拿出来投资保值。

长期低利率的承诺也会带来隐患：个人及企业贷款会增多。而银行又不能不贷，因为银行稍微收紧贷款就会自己打自己的脸，哪怕有一点的风吹草动都会让顾虑重重的公众们采取极端措施。所以按照央行的思路，为了刺激经济增长只能咬牙继续降低货币购买力来胁迫大众消费，即使这样会误导人们贷更多钱。很快人们就会陷入央行的套路开始借钱消费和投资，他们相信利率在很长一段时间内都会保持在一个很低水平，现实却事与愿违。为了保持通胀稳定，央行只能违背自己当初的承诺而加息。对那些以为低利率会维持很长一段时间而大举借债的人来说该怎么办呢？尽管央行的决策者们知道加息会给那些相信他们话的借贷者带来很大负担，他们估计宏观上加息带来的好处会弥补增加的贷款成本。

央行虚张声势的把戏植根于节俭悖论：一个人花出去的钱就会成为另一个人的收益，所以如果我们都省吃俭用，那么最后所有人都会变得更穷而不是更富。因为过度节俭或心怀疑虑导致的消费，投资不足只会导致失业和经济衰退，所以央行诉诸虚张声势的把戏想要影响大众心理。

如果说把央行形容成一个虚伪的、惯于操控人心的政府分支机构有些阴险的话，不妨以一个严厉的父母做比喻：假设你的父母想要你晚上八点准时入睡而你不听话，他们就会吓唬你说，等会儿就会有一个恐怖的妖怪来敲门，把所有不听话的小孩子抓走。央行就像故事里的严厉父母，他们用刺激经济增长的动机来掩饰他们的欺骗和恐吓。

历史上英格兰银行和美联储的主要任务是在必要时快速提供信贷，调控货币价格以及应对银行挤兑。央行对大众心理产生特别偏好源自“二战”后兴起的凯恩斯主义，其主张就是建立在节俭悖论之上，美联储在 1987 年处于格林斯潘领导下时充分发挥了这一主张。自那以后随着应对局面越加复杂，央行的重要性与日俱增。然而大众却没有从新时代的繁荣稳定的经济状态中受益，与之相反，我们在过去 300 年里一再见证的却是不断上演的经济危机及央行的变迁。

第三章
从凡人到上帝

在英格兰，一直到 17 世纪 40 年代，皇家造币厂和伦敦塔都是银行储存公众资金的主要金库，商人们相信把自己多余的金银储存在那里非常安全。然而在一个君权神授占统治地位的时代，把钱放在国王够得着的地方实在很危险。在议会党人与保皇党激烈斗争，内战一触即发的 17 世纪，当时的国王查尔斯一世急需资金组建一支常备军，可议会不想让国王组建常备军，所以拒绝拨款。绝望之下查尔斯一世洗劫了商人们存在皇家造币厂价值 13 万英镑的黄金，这一举动激怒了商人们，虽然最后金子得以归还，但商人们对皇家造币厂的信心却荡然无存。此后，商人们转而将资金存放在自己手下的文员和出纳手里，可 1642 年内战爆发后，许多出纳携款潜逃，让商人们又一次蒙受损失。最终商人们选择把金银存放在金匠手中，因为他们懂得关于贵金属的必要知识，也明白金银兑换的行情。在皇家造币厂让人们失望之后，商人们将这些金匠视为更加值得信赖的保管人。

按惯例，商人们把金银存放在金匠这里后会收到金匠出具的收据，这些收据一开始只是证明商人们把钱存放在这里的纸质凭证。随着时间的发展人们对金匠的信任日益增加后，他们放心把钱长时间存放在这里，金匠手里就有了足够多的资金去贴现商业汇票或者放贷赚利息。一开始只是存放资金的地方，现在开始转变成银行部分准备金制度下的吸储放贷模型，在这种制度下，银行手里只存放部分储户的存款以备日常之需，其余的资金都用来赚取更高的回报。

信贷融通能够极大缓解商人们的资金周转压力，他们不再需要时刻储存现金以备资金短缺，缺钱的时候可以直接用商业汇票去金匠银行家那里贴现现金。商业规模因此大大增加，同时人们不再需要携带笨重的金属货币，轻便的纸质收据进一步促进了商业繁荣发展。

金匠银行家们从以上经济活动中获益后很快开始给储户支付利息，吸引更多人将闲置资金储存到他们这里来。随着人们信任的增加和吸收资金量的增多，金匠银行家们开始允许储户随时提取现金。良好的信用、便携的纸质凭据加上随时提款的方便让金匠银行家们出具的凭证广受欢迎，甚至比金银币流通更广泛，这就是现代银行钞票的早期雏形。

最后发展到政府没钱的时候都开始找金匠银行家们借钱，因为他们吸收的社会资金比较多。英国内战结束后克伦威尔摄政时期，克伦威尔想要维持一支常备军又不想向议会要求加税，最后就求助于金匠银行家们。1660 年皇权复辟后，查尔斯二世用税收做担保继续向金匠银行家们借贷。就这样一个新的系统开始形成，金匠银行家们将他们吸收的存款借贷给银行，利息远高于他们支付给储户的利息。

虽然十四世纪时基督教禁止高利贷的教义正式成为国家法令，但这些法令在 1495 年就被废除。1545 年政府批准利息合法化，但不能超过 10%，1624 年这一比例降到 8%，随后在 1651 年降到 6%。但这些限制从来没有被认真遵守，金匠银行家们收取的利息比这高得多。一开始他们借给政府的利息是 8%，而他们向储户支付的利息是 6%，后来随着国王借贷需求的增加，借贷利息涨到 12%，有时甚至高达 20% ~ 30%，他们向公众放贷的利息也同样高得离谱。

虽然人们是因为信任才把钱存到金匠这里，但这并不表示把钱存在这儿没风险，当金匠银行家破产时，储户们存在这里的钱同样拿不回来，他们所有的积蓄就会打水漂。所以随着时间的发展，人们觉得应该建立一个银行，这个银行给顾客提供贷款的利息应该低一点，同时他们发行的纸币应该有同等的金属货币做保障，这样才能更好地为商业服务。这个组织责任无比重大，只有政府才有能力和威望成立这样一个组织，因为只有政府的税收收入是永远都不会亏损的。但人们还没忘记国王洗劫皇家造币厂的劣迹，他们担心国家财力支持的银行最终会导致政府挪用银行的资金。这一顾虑在1672年得到证实，这一年因为资金短缺，查尔斯二世命令国库在未来一年内停止支付各种款项。当时政府欠金匠银行家们130万英镑，所以金匠银行家转而也开始停止向储户付款，这最终导致金匠银行家们破产和大恐慌。

直到1694年，成立国有银行的各种条件才开始成熟。英国政府当时与法国的太阳王路易十四已经打了5年仗，虽然各项税收都已经算上，但军费缺口仍然很大，此时的英国经过1688年光荣革命后已经成为君主立宪制国家，人们开始觉得成立一个国家银行的主意十分可行，因为国家预算跟国王的私人开支分离意味着国王再也没有权力挪用银行资金。因此政府决定成立国家银行保障贷款等需求，英格兰银行最终于1694年经议会批准后成立。

英格兰银行成立后从各处筹措到120万英镑，以8%的年利率贷给政府，每年的利息收入能达到10万英镑，其中4千英镑作为银行的管理费用，银行的管理层由1位行长、1位副行长和24名董事组成，这24名董事从公司股东中选出，任期1年。作为对英格兰银行低于市场利息贷款的回报，公司获得许多银行特权，包括允许英格兰银行通过贴现商业汇票的方式发行银行钞票或代替其储存的金属货币，就像金匠银行家们之前做过的。

持票人持有英格兰银行发行的凭据可以见票即兑金银实物，虽然银行发行的凭据与金银之间不必完全地一一对应，但银行一般都会保留一定量的金银应对客户提取及不时之需。银行发行的纸质钞票是作为交换媒介在经济活动中流通的，最后消费者还是会将他们手中的钞票存进银行账户中。如果银行昧于私利而发行过多纸质钞票，储户就会把钱从银行账户中提取出来，以现金的形式藏在家里或者兑换成金银用于国际贸易。这自然会耗尽银行储备，无法发挥其作为银行和控制纸质钞票发行的职责。

在1697年之后，英格兰银行发行的纸质钞票兑换金银实物的信誉是由国家担保，如果发生银行无法兑换的情况，持票人可以去国库兑换。这样银行发行的纸钞数量就不得超过其借贷给政府的贷款金额，更重要的是，英格兰银行是唯一一家国家财政担保的银行。其他银行完全无法在这一点上与英格兰银行竞争，公众也更相信英格兰银行的安全性，所以随着时间的推移，英格兰银行的银行券流通得越来越广泛。

贷款给政府获得的利息收入以及其他银行特权让英格兰银行收益颇丰，他们给大小股东派发大量分红，在接下来一个世纪里，英格兰银行与政府之间这种互惠互利的关系得到强化。作为对特许经营以及通过银行特权获利的交换，英格兰银行以低息向政府提供更多贷款。

作为对低息贷款的回报，1709 年，议会通过一项法案巩固了英格兰银行的垄断地位，禁止其他股份银行发行纸钞或者在英格兰开展银行业务。除了英格兰银行之外，只有股东少于 6 人的小银行允许开展这些业务。但这项法案很快就产生问题，因为这些小银行没有财力雄厚的大股东支持，也没有行业自律性，他们总是超发比他们储存的贵金属实物更多的纸钞。

由于英格兰银行发行的纸钞只在伦敦地区流通，其他地方的商人们只能被迫向当地小银行贴现汇票换取现金，这些现金就是当地小银行发行的银行票据。18 世纪的大英帝国如日中天，经济蓬勃发展，商业和贸易大为繁荣，彼时小银行如雨后春笋般涌现，从 1750 年的 12 家增长到 1793 年的 400 家。他们从商人手里贴现汇票，向商人提供贷款，转头再依靠英格兰银行向他们提供流动性的资金。没有流动性时可以随时向英格兰银行求助，因此小银行不必保持大量现金储备应对储户提取。

然而 1792 年一场严重的经济衰退导致许多银行破产，人们开始质疑这些银行票据的信誉。结果 1793 年 2 月，英格兰银行开始拒绝向小银行提供流动性的资金，小银行由于现金储备不足只能停止支付总额达 100 万英镑的债务。这件事最终导致更严重的破产浪潮，许多地方银行都因此而破产，恐慌开始蔓延，一些有偿付能力的银行也遭遇挤兑，最终只能被迫停止支付业务，减少向商人们提供纸钞。贷款变得非常困难，英格兰银行在此时表现得像其他私人机构一样，提高贴现率并减少向商人提供贷款以避免损失，这进一步加剧了因信贷紧缺导致的经济不景气。

危机越演越烈，直到政府最后出面发行 500 万英镑短期国库券挽救局面，这些国库券是有利息的见票即兑票据，用来作为纸钞的替代物。商人们可以用这些票据换回他们的货物抵押品，人们一听说贷款重新开始流通后，经济就从不景气的状态中恢复过来。经济活动重新繁荣，人们的信心也得以恢复，政府的那 500 万国库券看来也不必全部预付，虽然一开始时人们要求至少预付总额的 3/4，但最后预付的更少。这件事情结束时，政府从其发行的贷款中获得一些收益，只有两家银行最后破产。在缺少央行作为最终贷款人的角色时，很明显为了纳税人的利益，恢复商人信心的责任只能落到政府身上，而且这也是一个双赢的抉择。

当英格兰银行仍然在扮演其稳定银行系统的角色时，其作为政府资本家的重要性在接下来 100 年里不断提升。1792 年法国大革命爆发，随后则是拿破仑崛起，战争一直持续到 1815 年。反法战争的巨额开支让时任首相威廉·皮特向英格兰银行大量借贷，这些贷款最后流向社会，流通中纸钞增多不可避免会导致银行储备减少。为了保护银行储备，1796 年英格兰银行开始控制向商业界提供的纸钞发行量。

然而在 1797 年上半年，拿破仑即将入侵英国的流言激起大众恐慌，公众和地方银行都选择拼命提取贵金属货币，这导致英格兰银行的储备进一步萎缩，到 1797 年下半年甚至濒临破产边缘，人们纷纷提取金属货币导致银行储备干涸，即将无力兑付。这不再是一个限制纸钞发行保护银行储备的问题了，英格兰银行的种种举措产生适得其反的效果，反而加剧了大众恐慌。导致恐慌的原因让银行别无他法，在国王和议会的建议下，银行开始停止兑换黄金，这一举措激发了人们对纸钞正统性的质疑，1844 年最终导致完全金本位制的实行。

从 1797—1821 年，英国的纸钞发行量并不是完全与其黄金储备等同，也不受实物限制。那时皮特首相已经从法国大革命发行的纸券中学到教训，知道可能会发生恶性通货膨胀。所以他十分审慎，减少向英格兰银行货币贷款的数量，转而开始开辟如所得税等新税种来满足战争开支。因此在 1797 年到 1809 年这一段时间里，英国物价平稳，货币供应也处在一个稳定水平。然而当公众陷入南美投资热潮中时，货币再度开始超发，英格兰银行超发大量纸钞助长了这股投机热，其他小银行也纷纷效仿。

任意超发纸币最终只能导致通货膨胀，物价开始飞速上涨，1809—1810 年已经上涨 12.5%，面对物价快速上涨以及汇率下跌的局面，政府在 1810 年成立金块委员会进行调查，最终得出结论这是由于纸币超发造成的。这一结论让人们更加相信如果纸币发行者昧于私利而超发纸币时，纸币的币值很容易受其影响而波动，其合法性也会受到质疑。1812—1813 年物价继续上涨 16% 佐证了这一观点。

到 1815 年对拿破仑的战争结束时，对纸币合法性的质疑才逐渐消退。纸币兑换黄金的自由兑换制度在 1821 年重新建立，经济活动中流通的纸币数量也大幅下降，物价在 1818—1822 年下降 32%。但是经济活动并没有衰退，自由兑换增强了人们的自信，经济活动自那之后蓬勃反弹。自由兑换在短期内并没有解决货币超发问题，英格兰银行及其他小型地方银行大量借贷刺激通货膨胀繁荣，在 1822—1825 年这 3 年里物价上涨 36%，这就为小型地方银行导致的另一次通货紧缩埋下了伏笔。

纸币购买力的剧烈波动让英格兰银行全神贯注于通过纸币扩张和收缩来实现长期的、与黄金储备挂钩的物价水平。英格兰银行本着这样的想法开始实行其自由裁量权，灵活控制经济活动中流通的纸币数量。而且脆弱的地区银行问题也得以解决，1826 年议会通过一项法案，允许大型股份公司成立银行，借贷业务从小型的地区银行逐渐转移到几个大型股份制银行。但考虑到整个经济的稳定性，整个 19 世纪 30 年代经济状况不是特别好。虽然允许股份制银行独立发行纸币解决了地区银行的隐患，但英格兰银行让渡出来的权力很快就产生新问题，股份制银行不像英格兰银行那么审慎，也开始超发纸币。从 1835—1839 年，物价上涨 25%，从股份银行可以更容易获得低息贷款加剧了铁路领域如火如荼的投机性投资，这也为下一次通缩式崩溃铺平了道路。

英格兰银行及股份银行过度发行纸币导致的经济不稳定激起了关于货币角色的大讨论，一派人认为金钱作为储藏手段的作用大于其交换媒介的作用，另一派人则强调其作为交换媒介促进商业活动的作用。通货理论认为纸币本身并没有任何内在价值，其之所以能流通主要是因为相对于笨重的金属货币，纸币能提高效率并且更便携。纸币只不过是与黄金一一对应的凭证，它的流通数量应该与贵金属等价物的数量相对应。这就意味着政府应该限制银行自由发行纸币的权力，纸币的发行应该与黄金储备挂钩，同时应该阻止纸币的过度发行，就像小型银行一开始做的，后来则是股份银行继续这样做。

银行不支持对流通中的纸币设限的做法，认为银行应该有权决定纸币的发行量。银行认为只要纸币能够自由兑换黄金并且银行业自身按照理智的原则行事，确保足够的现金储备应对客户提取，就不会发生货币超发的事情，因为借贷规模是由商业和贸易的需求决定的，多余的纸币最后仍然会原封不动地回到银行。

在这场“规则对自由裁量权”的争论中，最后规则取得胜利。1844 年进一步颁布法令确认英格兰银行是唯一有权发行纸币的机构，英国实行完全金本位制度，将纸币的数量与黄金储备实行对应发行。私人银行发行的纸币将逐步退出流通，这样以后市场上将只有英格兰银行发行的纸币流通。

为了确保银行会切实遵守金本位制度，它被分成两个部门，发行部只管纸币发行事宜，流通中的纸币有 1400 万英镑是政府债务，其余部分则与金属货币相对应。黄金的价格与英镑固定，银行只能在这个价格区内买卖黄金。

银行的发行部持有黄金储备应对纸币的自由兑换，而银行业务部则像其他银行一样进行业务交易。因此按照银行部分准备金制度，业务部也就需要持有部分现金储备（主要是纸币）应对储户的提取要求。英格兰银行业务部与其他银行的不同之处就在于其顾客当中不只包括个人和企业，还包括地方银行、股份制银行和清算交易所，从这种意义上来说它可以算作是银行家的银行。更重要的这些机构存在英格兰银行业务部的不仅仅是账户结余，它们还把紧急现金储备放在这儿，这是它们应对储户挤兑的不时之需。

限制银行发行纸币的权力导致央行业务部无法行使其作为最后借款人的角色，它所持有的现金储备就是它应对客户流动性要求的所有资金。而且因为其主要是由银行存款构成，整个银行金融系统都要依靠它。如果发生紧急情况整个银行系统都需要现金的话，英格兰银行的现金储备很可能出现短缺。解决之道就是它要持有比其他银行更多的现金储备，但这样持有现金而不投资对其股东来说损失太大，所以他们都不愿这样做，即使这对整个金融系统的稳定都有好处。随后爆发的危机证明了这一点，由于 1844 年的法案规定，发生危机时银行难以获得足够的弹性货币应对危机。最终，政府为了保护商业不得不出面干预，在发生危机时暂时停止 1844 年法案的执行。

1866 年的金融危机始于一家业内极有名望的股份贴现银行 Overend, Gurney & Company，这跟 2008 年美国次贷危机雷曼兄弟破产时的剧情差不多。1856 年美国开始停止美元自由兑换黄金，再加上 1861 年美国内战爆发导致大量黄金外流到欧洲，尤其是英国。当黄金流入英国国库后，它就可以发行更多的纸币作为库存黄金的等价物。货币供应量的增加以及利率降低刺激经济蓬勃发展。然而不好的一面则是，低利率会导致贷款增多，加剧伦敦金融市场的投机行为。

在伦敦金融市场上，银行经常会以汇票等抵押物作为抵押向贴现公司及证券经纪人短期贷款，这种用汇票短期贷款的惯例要求其抵押物必须是优质资产，这样短期贷款才不会有风险。但在实际操作中，大型贴现公司的活动空间很大，他们的短期借款有时也并无抵押担保。贷款与抵押物之间的这种分离说明贷款并没有完全被用来进行合理的投资行为。

与此同时新的公司法修正案简化了有限责任公司的开设流程，注册一家有限责任公司更加便捷容易。1862 年之前还只有通过特许章程才能实现，现在有限责任公司加无限利润的前景吸引了所有投资者的兴趣，数百家公司成立，但此后大都倒闭。当公司过度发行让股份无法卖出时，公司开始发行承兑票据，这是一种承诺，是将来支付资金的凭证。后来这些承兑票据大都贴现给贴现银行用来筹集资金。但这些承兑票据不像商业汇票一样货真价实，汇票是以某一时期货物买卖作为依据，而承兑票据的依据则是公司将来的现金收益，存在各种不确定性因素。

当公司老的合伙人退休将权力移交给新人后，像 Overend, Gurney & Company 这样的公司就开始激进起来，他们贴现那些公司发行的承兑票据，用从银行借来的钱资助这些投机公司。然后 1866 年多数公司破产，谣传会对这些贴现银行造成重大损失，随后谣言越演越烈，质疑其资产质量和偿付能力。谣言很快就升级成对这些公司的挤兑，这些贴现银行转而向英格兰银行寻求贷款支持，但英格兰银行拒绝贷款，因为这些贴现银行无法提供充足的抵押物，当时的经济形势也不景气，过度投机导致许多投资恶化，贴现银行手里的抵押物变得一钱不值。最终 Overend, Gurney & Company 银行由于无法获得现金支付，所以导致到期款项无法偿还而债务违约，违约总金额接近 1900 万英镑。

Overend, Gurney & Company 的破产导致严重的信任危

机，随后的恐慌史无前例。而且由于借给贴现银行的短期借贷资金来自银行应对储户提取的现金储备，这次公司破产几乎摧毁整个经济运行的信贷结构。面对挤兑潮，所有的大型金融机构都发现他们的流动性开始紧张，很难应对汹涌的挤兑人群。所有的银行都需要现金，所以他们纷纷从英格兰银行中提取存在那里的现金，英格兰银行的现金储备在一天里就几乎下降一半，不仅制约了其作为最后贷款人的角色，更威胁到它作为银行满足客户提取要求的基本职能。

政府为了遏制不断蔓延的市场恐慌情绪，强令职能暂时停止执行 1844 年的议会法案，允许英格兰银行打破纸币发行的限制，根据客户需求及信贷规模超量发行纸币。同时为了抑制通胀，其还要求英格兰银行将银行利率提高到 10%。允许央行发行纸币的消息平息了市场的恐慌，人们的信心得以恢复，因为很明显这下子银行再也不会缺钱了。但是，虽然存款重新回流到银行，金融机构的压力还是很大。一些银行的破产在所难免，这事实上导致对另一些有偿付能力的银行的挤兑，最终这些有偿付能力的银行也因无法快速筹集到现金而破产。这场危机持续了 3 个月才结束，对商业和经济造成巨大影响。

1866 年经济危机发生之后，时任《经济学人》主编沃尔特·巴杰特写了一篇文章论述央行承担最后贷款人角色的重要性。因为英格兰银行又是银行家的银行这一独特地位，当危机发生时负责提供流动性现金的重任自然也落到其身上。只要想到英格兰银行是最后贷款人这一点，就足以平息不确定性和恐慌：

在发生恐慌时，英格兰银行首先敞开向公众开放其现金储备，满足客户的提取要求，同时必须遵守以下两条规则：一是贷款利息必须很高，这是作为对公众听信市场谣言的惩罚，也会阻止那些不急需贷款的人前来借钱。利息应该在恐慌一开始时就提高，这样惩罚金也可以早点开始收，每个借贷的人都会好好掂量一下再审慎决定是否贷款，而且银行储备也会尽量得到保护。二是贷款必须以银行的优质资产作为抵押，央行的目的是为了让银行保持警惕，因此任何会产生恐慌的行为都不应该做。如果拒绝拥有优质资产的银行进行抵押定会造成恐慌。

这种新闻会在一瞬间就传遍所有金融市场，没人知道消息的源头来自何方，可不出半小时就会尽人皆知，并且所到之处都会引起恐慌。如果人们得知英格兰银行仍然接受平时的优质抵押品进行抵押，那么有偿付能力的商人和银行家们的警惕就不会加剧。但如果英格兰银行拒绝接受优质资产的抵押，恐惧就会蔓延，其他贷款也将无法达到预期效果，恐慌就会越演越烈。

但英格兰银行不想正式承担其作为最后贷款人的角色，因为这就意味着它要储备一大批闲置资金放在手里，目的却是为了援助那些为了挣钱进行高风险投资的银行。英格兰银行更愿意选择在危机时暂时停止实施 1844 年的议会法案，允许其根据公众需求而暂时拥有发行纸币的权力。但 1890 年巴林银行濒临破产的事情还是表明，虽然不想正式承担这份责任，英格兰银行还是明白如果不支援这些急需现金的金融机构会产生多么严重的后果。

19 世纪 80 年代后期，阿根廷政府从欧洲投资者手中大量贷款。业内十分有名望的巴林银行当时负责承销其发行的债券，并且巴林银行本身也持有大量这种债券。但随着 1890 年阿根廷的政权更迭和内战爆发再加上高负债，人们对阿根廷的国家信誉产生质疑。当人们停止买进阿根廷债券时，巴林银行陷入流动性困境中，只能选择向英格兰银行寻求帮助。时任行长威廉·林德戴尔明白巴林银行破产会引发的严重后果，但巴林银行的债务规模超过 2000 万英镑，而英格兰银行的储备只有 1100 万英镑，没有办法也承担不起单独救助巴林银行的责任。所以林德戴尔向财政大臣寻求帮助，但财政大臣拒绝了他的请求，因为议会不会同意用国库的钱救助一家私人金融机构，等待危机爆发后暂时停止 1844 年议会法案，赋予央行暂时发行纸币的权力才是可行之策。

林德戴尔的解决之道是联合多家金融机构组成财团为巴林银行的债务做担保，这样巴林银行可以从金融市场上获取融资。同时林德戴尔还把银行利率提高到 6% 以吸收更多存款，还向法国银行和俄罗斯银行借款以更好应对可能发生的市场恐慌。在英格兰银行的帮助下，巴林银行成功渡过难关并开始偿付债务。

金本位时代，物价虽然在短期内会产生剧烈波动，但从长期来看整体仍保持平稳态势。完全金本位制度意在控制由纸币超发造成的短期物价大起大落，确保长期的物价稳定，主要是通过通胀、通缩的方式抵消物价上涨和下跌的影响。完全金本位制的本质是由银行现金储备而不是央行纸币的自由裁量权决定利率高低。

让我们以一个低利率的情况做假设，利率过低无疑会刺激借贷及消费的快速上涨，市场上纸币增加而生产并没有相应扩大，因此物价就会上升。英格兰银行的现金储备也会因人们纷纷提取自己账户里的现金而下降，人们将自己的储蓄提取出来不仅是为了支付更高的物价，而且会兑换黄金购买外币，用以支付进口商品或获取更高的投资收益。现金储备对银行来说至关重要，面对现金储备不断减少的情况银行只能被迫提高利率。

银行利率的提高能有效逆转银行现金储备降低的局面，不仅能够吸引想要获取更高回报的外币流入，还能够让商业活动收缩，人们的各项开支都会减少，进而导致物价下跌。国内利率更高而物价又处于低位，人们就不会把钱放在自己手中或购买外币，而是会重新存到银行里，所有这些因素都有助于银行储备的增加。一旦储备回到正常水平，银行就会对利率做调整，如此循环不断。

银行及政府都心知肚明通过调整银行利率来控制现金储备会对实体经济造成很大影响——利率的提高会造成经济收缩及失业增加。但人们认为周期性的小型经济波动不仅有利于物价水平长期稳定，而且有利于整个经济形势的稳定。

19 世纪后半叶全球主要经济体都遵循完全金本位制度，在这种全球货币秩序下，一国的物价波动很快就会同步传导到其他国家：比如A国上调利率造成的经济萎缩很快就会影响到B国，因为对A国的出口会减少。同时B国的游资为了追求更大的利益会流入到A国，造成B国黄金的外流。因此B国会采取相应的措施也提高物价，减少黄金外流的损失。由于伦敦的商业银行负责为企业提供国际信贷融资，这就赋予英格兰银行比其他国家央行更大的权力干涉外国物价水平。

在对外贸易中，英国的这些商业银行主要是作为金融中介存在的。虽然进、出口商之间是直接买卖货物，但却不是直接用同一种货币交易。为了支付或获得货款，进口商或出口商会签署文件授权商业银行从出口商或进口商那里收取应付款项。商业银行会为了佣金代进口商接受授权承诺书，并用自己的资金支付给出口商。同时收到这些汇票后，商业银行会给进口商提供信贷，并约定于未来一定日期归还资金。因此英格兰银行上调利率会增加外国商人的借贷成本，进而传导到商业活动及国外经济活动的需求中，使物价下跌。

英格兰银行对国际金本位制度拥有极大影响力，所以就要采取与今天大相径庭的灵活审慎的态度应对各种局面。那时的英格兰银行主要是盯住经济循环波动的周期制度，而不是像今天的央行一样综合考量一系列经济变量。从19世纪后半叶直到1914年“一战”爆发这一段时间，虽然短期内有所波动，但整体上物价一直比较平稳。比如，1875年和1914年英国的消费者价格指数都是9.8，这与1821年10.3的水平相差不远。同时在19世纪人们的收入翻了三番，这证明长期的物价平稳有利于经济增长。

但“一战”的爆发彻底改变了20世纪形成的经济格局。伦敦的商业银行作为国际短期金融信贷的借款人其实很脆弱，一旦交易双方停止付款，那其所处地位就很被动。1914年7月28日奥匈帝国对塞尔维亚宣战之后，商业银行就面临外国客户大规模的信贷违约，因为战争让人们无法如期支付贷款。股份银行由于与信贷之间千丝万缕的联系也面临极大风险。这种恐惧引起对英镑的挤兑，人们纷纷提取自己的英镑并兑换成黄金，趁着还没有实行金融管制时运出国外。像之前的几次危机一样，议会通过货币和纸币法案，授权英格兰银行在必要时超发满足人们对流动性货币的需求。同时银行贴现率也像往常一样提高到10%以预防通货膨胀。

但这场危机的规模史无前例，10%的惩罚性贴现利率过高，很快又调低到5%左右。而且单单允许银行发行纸币远远不能满足银行的需求，因为银行对纸币的需求已经超过其账面上可贴现的优质抵押品。纸币的面额已经无法满足公众对主权金币的需求，发行大面额纸币势在必行。因此法案授权财政部而不是英格兰银行发行一英镑和十先令的纸币作为法定货币，银行被允许直接向财政部借贷。银行手里的那些汇票由政府出面担保，因此英格兰银行可以放心地接受这些抵押品。银行将印刷的货币直接借贷给政府，货币政策干预的闸门轰然打开。当大量货币通过各种途径流向市场时，融资成本迅速降低。

不出所料，大量低息贷款流向社会很快就造成通胀局面：战时英国的消费者价格指数翻了两番，战后继续上涨。1919年上涨了10%，1920年又上涨15%。银行被迫提高利率以遏制通胀加剧。然而利率提高却导致经济萎缩，整个社会经济仍然处于波动之中，截止到1923年，失业率上涨到15%，消费者价格回落26个百分点。

政府的货币支出事实上已经终结了金本位制度，“一战”结束后的1919年4月，英国政府正式颁布法令中止金本位制度。事实上，“一战”刚爆发就已经打破了曾维持近半个世纪的国际货币秩序，在这个秩序下，相关国家的纸币购买力一直比较平稳。虽然美国仍然坚持金本位制度，但在1914年

美联储正式开始运作时所面临的大环境与其刚开始筹划成立时已大不相同。以前，人们通常把弹性货币作为短期干预工具，通过向银行提供流动性以保持金融稳定；除此之外，决策者们认为金本位制度下对纸币数量的控制会确保价格指数长期稳定。但现在这套由国际金本位制度确保的体系很快被主观判断和自由裁量权取代。

战争爆发后，美国政府大量采购军用物资，支付的大量纸币导致通胀迅速增高。美国 1917 年 4 月正式宣布参战后主要依靠政府公债及货币融资两种方式满足战时开支。美联储作为政府的财务代理人一方面负责买卖公债，另一方面获得授权印制新的弹性货币直接借给政府。就像在英国发生的一样，这导致通胀水平快速升高，战时物价批发水平整体翻了两番。通胀从一开始就脱离控制，这种情况一直持续到战后：1919 年 5 月之后的 12 个月里物价上涨 23%。

然而通胀刚开始时，美联储为了让政府能够借更多低息债却不愿意提高利率。同时它也担心这会对商业银行手里持有的大量政府债券价格产生影响，毕竟客户抵押这些债券时银行支付了大量贷款。美联储不愿提高利率但却希望银行会自己出于克制和谨慎的理由而收缩贷款。最终利率还是在 1919 年年末提高并在 1920 年再次大幅提升。这几次加息导致 1920—

1921 年经济严重收缩，批发价格在这一年里下降了 50%。美国经济学家弥尔顿·弗里德曼和安娜·施瓦茨曾这样形容美联储早期的行为：“美联储有这样一种倾向，一开始总是反映太迟钝，不知道要马上踩刹车。等到意识过来的时候就会突然猛踩刹车，如果这样无法让货币扩张立马停止的话就会再次猛踩刹车。”虽然美联储很快就会找到坚定的政策支撑点，但自由裁量权很容易造成严重的错误判断。

在国际金本位制度下，一国央行储备头寸的变动都会同时导致其他国家央行贴现率政策的变动来控制货币供给。然而随着金本位制度失效和战争结束，美联储不得不面对的问题就是它以什么作为制定贴现利率政策影响货币供应量的依据。对英格兰银行来说答案就是作为价值储藏的纸币保存量。整个经济稳定的标志就是货币购买力持久不变，这一直是人们聚焦的重点，即使这套机制让银行准备金决定利率如何变动。这套机制本身不是目的，任何其他机制处在这个位置上都能发挥出同样效力。这套机制只是作为一种规则取代央行决策者们的自由裁量权，防止价格的剧烈波动以及由误判导致的经济繁荣与萧条局面。

然而美联储更偏向于其一开始创立时所设立的目标——防止金融恐慌破坏整个信贷市场。所以它开始提供稳定的信贷促进经济活动发展，摈弃了价格稳定是重中之重的旧观念，在 1923 年的年度信用政策报告中美联储宣称："价格波动是由许多因素造成的，大部分都与信贷体系无关。"

结果，控制贴现率的责任开始变成满足商业和贸易需求的责任，联邦储备委员会通过评估各种经济活动及银行业和信贷规模决定美联储政策走向。其声称只要信贷被严格限制用于生产领域，用来服务农业、工业和贸易，而不是用来进行投机等目的，那贷款就可以得到很好利用。为了防止贷款用于投机，这个责任就落到各地联邦储备银行的身上，它们熟悉商业银行的贷款政策及信贷扩张情况，因此也就相应地可以对它们进行监管。美联储还意识到在每个生产领域内投放的信贷量应该与该领域内全国总生产力提高的数量相匹配。从一开始确保金融稳定开始，稚嫩的美联储就在努力确保信贷能够有效流动到各部门的经济生产中，表面看起来对投机活动也有足够的预防和警惕。

与此同时，在购买国债获取利息收入时美联储很快意识到在公开市场上买入卖出有价证券会减少或增加商业银行手中的现金。因为通过再贴现的方式会影响它们对现金的需求，所以这种方法应该成为货币政策的一部分。1922 年由储备银行官员组成的公开市场委员会成立，负责协调美联储货币政策的完整性以及设定贴现率。随着时间的推移，在公开市场上买入卖出债券成为控制货币数量的主要工具，因为通过这种方式，美联储能主动有效地改变商业银行资金的数量，进而更好地控制信贷规模。

1923—1929 年，美国连续 6 年贷款扩张，经济飞速增长。在 1925 年的年度报告中，美联储夸耀之所以能够获得这种成就，主要是因为通过对货币政策的良好控制，有效避免了金本位时代由货币储备决定经济浮沉的状况：“既没有足够的弹性货币也没有足够的黄金储备，1925 年对货币和黄金的双重渴求导致银行只能减少对客户的贷款。”

大洋彼岸的英国，战后价格的剧烈波动让人们开始怀念金本位时代稳定的经济发展。最终英国在 1925 年恢复金本位制度，只是黄金的价格虚高。虚高的英镑意味着购买外国货物更加便宜，对本国货物的需求则相应下落，这种情况导致黄金开始外流。与此同时经济开始萎缩，失业率升高。

到 1927 年下半年，英国经济严重衰退，失业率达到两位数。无奈之下英格兰银行只能向美联储求救，要求其降低利率减少黄金流出英国的吸引力。当时美国经济经历连续 6 年高速增长后开始减速，所以美联储也乐意维持低贴现率并在公开市场上大量购买政府债券，事后证明买入数量过多。正如联邦储备委员会一位成员在 1931 年所承认的：

> 1927 年下半年美联储持有的政府债券数量明显增加，再加上大量购入商业汇票，这是美联储有史以来最大胆，也是规模最大的市场操作，结果代价也是最大的，近 75 年来没有其他银行系统能比得上。

短期来看低利率减缓了经济衰退并帮助了英国。但不幸的是释放大量信贷，导致投机资金迅速进入股市，让股市出现牛市。这一轮虚假繁荣并没有增加消费者的收入，最终以一场史无前例的大破裂收场。

1928 年上半年，美联储开始注意到银行贴现贷款的快速增长，也意识到这样做存在的危险，所以其开始收紧货币政策。在当年的六七月贴现率从 3.5% 调高到 5%，同时在公开市场上出售政府债券。虽然这些政策在短期内抑制了信贷增长的速度，但仍然无法控制贷款总量继续增长。1929 年上半年，由于用来购买债券的贷款仍然源源不断流入股市进行投机活动，储备银行和联邦储备委员会开始对下一步的对策出现分歧。美联储银行的人希望采取果断措施提高贴现率并进行公开市场操作，而联邦储备委员会则担心提高利率会对正常商业发展造成不良影响，而把希望寄托在投机者的理性上，希望他们能从股市的投机赌博中抽身而出。

随着争吵的持续，股市在 1929 年 6 月到 8 月上涨了 25%，这进一步激发了对抵押贷款的需求，此时大部分贷款都是由非银行机构贷出的，比如投资信托和贸易公司。1929 年 8 月，美联储将贴现率从 5% 提高到 6%。由于当年夏天时经济就开始从高峰时缓慢滑落，疯狂的股市开始面临巨大风险。

人们对华尔街股灾的事后分析大都集中于投资者的不理性，以及美联储和联邦储备委员会之间的分歧使美联储当时没有果断提高利率、遏制投机这两点上，却忽略了低利率对资产价格的促进以及由此必然导致的投机行为加剧，而这一点却是证据确凿的。事实上这 85 年以来，央行的决策者们还是一直以为利率会直接促进经济发展，对市场狂热的利率与房地产、股票和债券之间的因果关系认识不足。

弗里德曼和施瓦茨称 20 世纪 20 年代美联储为确保金融和经济稳定而发挥的作用很大。但英国经济学家莱昂内尔·罗宾斯在他的作品《大萧条》中提出一个更准确也更刺耳的论点："是央行官员们深思熟虑的联合行动以及美联储再通胀政策加剧了这场危机，致使危机进一步恶化。"为了消除经济发展周期性的波动不仅会使经济快速发展，也会产生同样幅度的收缩："不是老的方法而是新的时髦理论该为美国金融危机的过度蔓延负责。"但在数年以后折磨央行决策者们良心的不是他们在危机时做了什么，而恰恰是他们在危机时没做什么。

从 1929 年美国开始提高利率，加上法兰西银行黄金储备的增多都给英格兰银行的现金储备造成很大的影响。为了进一步打消英国投资者在华尔街投机的想法并给狂热的股市降温，英格兰银行将银行利率提高到 5.5%。1929 年 9 月，英国一家大型金融公司倒闭，重挫华尔街英国投资者的信心，很快英格兰银行就把利率从 5.5% 提高到 6.5% 以制止黄金外流，但这一举措却加剧了全球业已存在的经济衰退局面。这一系列事件最终导致了 1929 年 10 月最后一个星期发生的华尔街股市大崩溃，到 11 月中旬股票市场已经从峰值跌了 40% 多。

在 1929—1933 年大萧条这一段时间里，美国的名义 GDP 下跌 45%，消费价格指数下跌 25%，1/4 的劳动力处于失业状态。在 1933 年的年度报告里，美联储宣称从 1930 年到 1933 年这一段时间里其执行的是宽松的公开市场操作政策，首先满足银行对资金的需求，其次将超额准备金提高到一个前所未有的水平上。然而从 1930 年秋季开始一直持续到 1931 年的银行破产危机，以及 1933 年再度爆发的银行危机却给我们展示了一幅与美联储说法不一样的情景。

1930年10月纽约还有费城分别有一家银行中止营业，这在肯塔基、田纳西、阿肯色还有北卡罗来纳等州激起恐慌性挤兑，导致更多银行破产。银行不断破产让储户心中更加焦虑，只会更加急迫地想把自己的钱取回来。华尔街股市崩盘后经济陷入衰退，银行手中的资产也不断贬值。但面对公众的恐慌性挤兑，银行只能廉价抛售手中的投资资产并追回贷款，但这却导致价格进一步下跌以及贷款紧缩。价格骤然下跌，商业凋零，债务开始违约，这一切都是因为缺少流动性造成的，而流动性本来是美联储作为最后贷款人应该承担的职责。这种情况让银行雪上加霜，最终导致了史无前例的金融系统大崩溃。从1929年12月到1933年2月，每5家银行中就有一家倒闭，总数高达5500多家。

1931年欧洲的情况也不容乐观。当年5月奥地利最大的私人银行奥地利信贷倒闭引发了德国银行业的大挤兑。而且英格兰银行存在这些银行里的资产也被冻结，很快就发生针对先令的挤兑，英格兰银行面对黄金不断外流的局面在1931年将银行利率从2.5%提高到4.5%，希望能挽救局面。当时的英国经济不断萎缩，失业率超过20%，人们开始对坚持金本位制度感到动摇，因为这就意味着要继续加息以阻止黄金流失，与此同时挤兑仍然越演越烈。因此当年 9 月银行停止黄金兑换业务，银行利率一开始调高到 6% 以预防发生通胀的可能，在 1932 年 6 月也很快跌落到 2%，这一情况一直持续到 1951 年 11 月，中间只有在“二战”刚爆发时短暂回升到 4%。

在国会的压力之下，美联储曾在 1932 年 4 月短暂地大规模购买政府债券释放流动性，希望能促进商业银行贷款刺激经济发展的意愿。但这只起了一时的效果，到年底另一轮银行破产潮兴起，导致了 1933 年初期的全面社会恐慌。面对恐慌的公众，数个州的银行都开始执行银行限制政策，希望这能阻止储户的挤兑行为。与此同时这些银行为了增加现金储备，纷纷从其他州的代理银行那里抽回自己的资金，结果其他州的银行，主要是纽约的银行面临现金流的急剧消耗。市场上美元即将贬值的消息引起人们对黄金和其他货币的需求，这加剧了纽约银行业和联邦储备系统的压力。为了消除恐慌，1933 年 3 月 4 日，纽约、伊利诺伊、麻省、新泽西还有宾夕法尼亚数州州长联合宣布暂停银行业服务，联邦储备银行也加入其中在那天关门：“央行系统一开始创立的初衷是为商业银行提供不时之需，但现在面对史无前例的支付危机时自己却也加入了商业银行的队伍。”

美联储在面对银行业危机时无所作为，还有英格兰银行忽视高利率导致的经济萎缩让这两家银行付出失去运营独立性的代价。这些事件对今天的美联储和英格兰银行也有很深的影响，他们从大萧条的混乱年代里学到的教训就是宁可维持低利率犯错也不因为无所作为而受指责。尤为讽刺的是，这种观念可能最终会导致这些央行重复而不是避开以前的错误。

1933 年 3 月 3 日，新任美国总统富兰克林 · 罗斯福就宣布全国范围内的银行从 3 月 6 日到 9 日停业整顿，让那些拥有偿付能力的银行重新开业以恢复公众信心。3 月 9 日国会通过《紧急银行法案》授权总统必要时采取紧急措施干预银行业，包括暂时停止黄金支付及紧急发行联邦储备券满足银行系统对流动性的需求。这就是罗斯福新政的开始，旨在恢复经济并对银行业进行整顿。同时这也标志着美联储运作独立性的终结。

美联储的角色让政府可以获得低息融资促进经济恢复发展，因为在公开市场上买入卖出政府债券是主要的货币政策，美联储成为这种角色也就在所难免。“二战”刚爆发时，美联储开始买进政府公债，防止其价格无序下跌并保持收益率稳定。美国正式参战后美联储就公开执行保护证券价格的政策，维持公债低利率让财政部能获得低息融资。美联储将美国政府长期证券的利率维持在 2% ~ 2.5%，并且大量买入收益率为 0.375% 的 3 月国库券。

大萧条时期高失业造成严重损失的记忆仍未忘却，加上战争结束大批士兵退伍返乡急需就业，美国国会在1946年通过《就业法》，授予政府促进就业、生产以及购买力的任务。虽然战争已经结束，美联储为了政府的这些任务仍然急需维持债券支持政策，因此造成严重的通胀问题，最终美联储时隔近 20 年之后再次赢得独立权。1951 年 3 月，美国财政部与美联储达成共识，双方确认当前正在进行的合作的必要性，同时也同意撤销对政府债券价格的支持以降低公债货币化的程度。

在英国，英格兰银行想要获得独立需要更长时间，人们已经明悟 1925 年恢复金本位制度以及高利率带来的影响，所以英格兰银行直到 50 多年后才重获独立。银行利率也被设定在促进全面就业以及维持政府融资低廉的水平上，同时受到通胀以及固定汇率的限制。

战后经济学界的论调发生巨大转变。人们不再视通货膨胀为洪水猛兽，相反现在将其视为大众就业的必要代价。流行的经济学观点认为，失业与通货膨胀之间有一个此消彼长的联系。通胀上升意味着失业率减少。由于减少公众的经济损失比保持货币的神圣化更重要，人们开始允许通胀在可控制范围内发展。

20世纪五六十年代美国政府凭借低息贷款增加政府开支主要是为了促进全面就业，美联储兑现了继续合作的诺言，但却把消费物价上涨速度控制在较低水平。随着美国实际GDP增长率在1950—1970年以4%的年均增长率增长，这似乎证实了通货膨胀会促进经济活动的发展和就业率的增加这一理论。

但时间进入20世纪70年代之后，通胀与失业率之间这种此消彼长的关系被慢性高通胀打破，而伴随高通胀的是高失业率。随着时间的发展，通胀问题越发严重，货币政策的关注点也开始转移：现在其主要目的是在控制通货膨胀的情况下尽量保持就业率增长，而不是像原来一样促进通胀增加就业。1979年，保罗·沃尔克就任美联储主席，他在年度报告中说道："1979年货币政策的重心是在国内遏制通胀预期，在国外保持美元不贬值，与此同时不会导致经济趋于衰退倾向。"在与通胀搏斗的过程中，促进经济增长不仅退居到第二位，而且逐渐变成只要经济不衰退就好了，根本无心顾及增长的问题。到20世纪80年代中期，消费物价上涨急剧回落，从1978—1982年年均近10%的增速回落到1983—1989年不到4%的速度。沃尔克不仅成功赢得了这场通胀战役，更证明了美联储独立性的价值。

通胀得到有效控制后，底气大增的美联储1987年在新任主席格林斯潘的带领下再次转变政策着力点：确保物价稳定的前提下努力促进经济增长，因为长期来看价格稳定是对经济增长最有利的因素。与此同时美联储极力想证明其已经从大萧条中学到足够的教训并且现在已经懂得金融稳定的重要性。1987 年标普 500 指数下跌 30% 给了格林斯潘证明这一点的机会，美联储向银行系统提供充足的流动性货币抵御危机，向世人证明其能够控制金融不稳定对经济造成的不良后果。

同期英国与通胀搏斗的过程更加困难：其零售价格指数在 20 世纪 70 年代到 80 年代年均增长超过 10%，这为央行独立控制通胀预期铺平了道路。1992 年时任财务大臣诺曼・拉蒙特将通胀目标设定在 2%，1997 年 5 月其继任者戈登・布朗宣布政府将恢复英格兰银行的运行独立性，央行自主设定利率。1998 年英格兰银行法案生效，规定英格兰银行的责任主要是确保物价稳定以及支持、服务政府的经济决策，诸如经济增长率及就业等问题。

恶性通胀的严重后果产生了折中的效果：英格兰银行回归到确保物价稳定同时促进经济增长和就业的责任上；美联储也同样将目光放在确保经济快速增长同时确保价格水平稳定的重任上。经济增长和价格稳定的要素之一就是要确保银行系统持续向实体经济输送贷款。同时还要严密监管银行业，对其资产基础知根知底，在发生危机时能够及时自信地以最后贷款人的身份向银行提供资金：巴杰特在 1873 年已经雄辩地证明这一角色的必要性，1929 年的金融危机也以血淋淋的代价再次证实这一点。

这就是央行诞生的历史。作为政府、股东和银行危机妥协的产物，央行不断蜕变，到 20 世纪 90 年代其已经进化为我们今天所看到的三头巨人：控制、监管金融业和创造。在经历过金融危机的动乱及战胜通胀后，美联储现在以这三个任务为目标而虚张声势。英格兰银行紧随其后也加入这场把戏。然而历史却一再重复，只是希望这次人们能吃一堑长一智，从他们做过的、没做过的事情中得到有益经验。

BLUFF: THE GAME CENTRAL BANKS PLAY AND HOW IT LEADS TO CRISIS

第二篇

虚张声势的把戏

第四章

功夫熊猫效应

《功夫熊猫》是由梦工厂出品的著名动画电影，影片讲述了熊猫阿宝历经千难万险后阴错阳差地被任命为龙战士，负责守护整片大地的和平。成为龙战士后阿宝终于有机会接触神秘的神龙卷轴，据说在这个卷轴中藏有超能力的钥匙，阿宝急需得到超能力打败邪恶的雪豹大龙。但当阿宝真的打开卷轴之后却发现里面空无一物什么都没有。

失望地放下卷轴，阿宝对自己的使命感到心灰意懒。它回到原来的生活中，每天帮父亲打理面馆，面馆以绝密配方的面汤出名。为了让儿子重新振作起来，阿宝的父亲悄悄告诉了它秘方的真相。

原来面汤里根本没有什么绝密配料，只是阿宝的父亲对外向人这样宣称罢了。如果你想让一件事情看起来很特殊，首先你得自己相信才能带动别人相信。受此启发，阿宝突然醒悟打开超能力的钥匙是什么了，也知道该如何打败大龙了。

央行影响经济运行的能力就跟上文面汤的秘密是同样原理，主要在于公众相信央行有这样的能力。只要央行自信满满，表现出一种运筹帷幄，将经济掌控于股掌之间的淡定，这套虚张声势的把戏就能够玩下去。

假如一年后有人会无偿赠予你 110 美元现金，正常情况下你只有等一年时间才能拿到这笔钱消费。但如果存在一个借贷市场的话，你就可以通过这个市场提前预支这笔钱。假设现在市场的贷款利息是 10%，那么这笔钱的现值就是 100 美元。现值这个概念不像利息那么好理解，利息指的是假如你现在以 10% 的利息贷款 100 美元，那么一年之后你就要连本带息偿还 110 美元。现值正好跟利息相反，如果你一年之后能得到 110 美元，那么这笔钱的现值就是 100 美元，你可以现在就借来花，一年后你拿到那笔钱再连本带息还给债权人。如果这一年里借贷成本从 10% 突然跌落到 5%，则这笔钱的现值就从 100 美元涨到 105 美元，你就多出 5 美元的钱可以花。

现在让我们思考另一种情况，假设你的资助人是个善良的人，但有些喜怒无常，让人琢磨不透。如果现在他不太想给你那笔钱了，那你就要对这种变故做出应对措施。比如现在这笔钱从 110 美元变成 55 美元了，则以 10% 的借贷成本计算这笔钱的现值不到 50 美元。如果借贷成本降到 5% 的话，这笔钱会升高到52美元。但决定你现在能够借到多少钱的决定因素是将来你能获得多少钱的下限。如果你的捐助人将来一毛钱也不会给你，那不管多低的借贷成本都跟你没关系了。虽然银行能够决定借贷成本的高低，但却无法决定你能够得到多少钱，除非它能诱导或胁迫你的捐助人把钱给你而且同时让你相信事情会朝着这个方向发展。

同理，假设你以每年90美元的租金租下一家工厂，借贷的成本是9美元，工厂生产的货物能够卖100美元。如果央行将利息调低到原来的一半，你的利润将会增加4.5美元，你就可以将这笔钱用于扩大再生产。然而如果你无法确定将来货物的销售情况，担心只能卖80美元，那么预期中的利润和投资就都没了。

对未来现金流收入的预期越低，低利率刺激人们消费投资的效果就越差。你今天会花多少钱不仅取决于利率还取决于你将来会挣多少钱。央行可以将利率一直降到0甚至是负利率，但想要让你心甘情愿花钱首先得让你相信未来能有更多收入。一旦你对未来的收入预期开始变少，央行就会失去应对经济衰退的能力。

对央行来说，影响我们对未来收入预期的判断与发放贷款同样重要。央行必须让公众相信如果它们降低利率，经济情况马上就会向好的方向发展。如果人们在低利率和社会总支出之间能形成类似巴普洛夫式的条件反射，那就不用央行大费周章了。

它们对公众心理的影响虽然是无形的，但绝非无迹可循。经济结构给它们发挥影响力和玩弄虚张声势的游戏提供了便利。我们之所以相信央行拥有干预经济发展的能力主要是源于其对货币供给的干预，通过商业银行作为贷款渠道干预流通中的货币数量。

商业银行是公众与央行之间的沟通平台，公众与商业银行进行交易，而商业银行转过头来再跟央行交易。商业银行收到储户存款后只能留一部分应对储户的日常提取需求以及投资，其余的部分要上交给央行，放在央行给它们开的账户里。最低准备金率的高低决定了商业银行手里还剩多少钱用于投资。比如客户在银行存 1000 美元，准备金率是 10%，那商业银行手里就只剩 900 美元现金可以用来借贷。如果央行从商业银行手里贴现或购买债券，也必须按市价支付现金，这些钱会存到商业银行的准备金账户中。商业银行账户里的现金一旦多于准备金的标准，就可以把多余的钱用于向公众借贷，人们借到钱后就会用于消费、投资等需求。花出去的这些钱最后又会流入其他银行，其他银行又会把这些钱放贷出去。

比如央行在商业银行的账户中存进 100 美元，商业银行只能将其中的 90 美元用于放贷。比方说把钱借给一个制鞋商，制鞋商把这些钱都用来购买原材料，最后这些钱就会进入原材料商的银行账户。原材料商存钱的银行就可以将其中的 81 美元再次放贷出去，如此循环往复。银行手里的钱超过准备金的要求后就会将多出来的钱通过贷款流通到社会中，人们借到钱后用于各种产品及服务类需求。

所以如果央行想要商业银行提供更多贷款，就会降低向商业银行短期贷款利息，并且通过买入政府债券的方式向商业银行账户中存入超过其准备金要求的现金。买入的这些政府债券主要是短期国库券，这种大量购买会提高这些债券的价格，其收益也会因此降低，因为超过准备金要求的现金储备会伴随短期政府证券的利息下降而大量涌现。

由于商业银行可以轻易从央行得到低息贷款，其向社会贷款的意愿更强，收取的利息也会相应比较低。而且短期政府证券利息与商业银行把钱存在央行的利息相同，所以当这个利率下降时，商业银行就不想把多余的钱放在央行账户里，而是会想把钱贷出去，即使贷款对象的风险比较高，银行为了高收益也会在所不惜。因此每次央行进行公开市场操作降低短期借贷利息时，都会促使商业银行放出更多低息贷款给私人融资者。

尽管如此，商业银行对私人贷款也要承担一定风险，借款人总是希望能够借更多钱用于牟利。如果出于某种原因商业银行不愿借贷给融资者而是选择把钱继续放在央行账户中，央行也有其他办法把钱借出去。央行会绕过商业银行，印制联邦储备券直接分发给公众，就跟站在街头分发免费报纸给过路行人一样。这样人们手里有了更多的钱可以花还不用背负债务。而且人们花这些钱的欲望更强，因为现在银行给的储蓄利息太低没有什么吸引力。

总之不管怎样，央行总是会找到办法把钱投入社会经济中。如果公众手里的钱数量增多，而现实生活中产品和服务的数量没有相应增多，结果就会出现通货膨胀，物价开始全面上涨。

央行掌控经济运行中货币供给的数量，具有很大影响力。商业银行手里能贷出去的钱越多，就会流出更多低息贷款，促使物价上涨以及企业盈利上升。央行之所以看起来无所不能，关键就在于让我们相信纸币及廉价贷款能够确保经济永远繁荣稳定地发展。

第五章

治疗通胀的药剂

实行金本位制度，虽然价格在短期内会略有波动，但从长远来看宏观上是保持稳定的，因此也就保障了纸币价值储藏和交换媒介的货币职能。“二战”结束后，不管是政治精英还是知识阶层都开始接受货币购买力的缓慢下降是经济发展和增加就业的必要条件。直到20世纪70年代，恶性通货膨胀才让人们再次认识到价格稳定是经济长期发展的重要前提条件。

虽然金本位制度能够让货币购买力保持不变，使1914年一英镑的购买力与一个世纪之前大致相同，但无所不能的央行对此却不是很满意。央行政策的立足点不是为了保持货币购买力的长期稳定，而是为了促进物价上涨，不管是在英国还是美国都是如此，区别只在于英格兰银行做得光明正大而美联储做得很隐蔽。货币购买力贬值的幅度也不是很大，一般保持在每年2%左右。所以如果现在100美元能买100个苹果的话，那么一年后同样的 100 美元就只能买 98 个苹果了。如果央行将短期利息降到跟通胀率一致的话，你把手中的 100 美元存到银行账户里年底可以赚两美元的利息，但扣除通胀因素的话实际上现在 102 美元的购买力仍然只能买 100 个苹果。

毫无疑问如果你得知手里钱的购买力每年都会下跌 2%，你就会想尽一切办法把手里的钱投资出去，希望得到的收益能弥补购买力下跌的损失。所以如果此时你要借钱给别人的话，一般都会要求比购买力下降幅度更高的利息，至少也要持平才能弥补损失。如果你是公司雇员的话，你也会同样要求每年的工资都要将通胀损失考虑在内。

因此也就难怪货币经济学的先驱维克赛尔指出："如果物价缓慢上涨是按众所周知的计划进行的话，那么所有现行的商业合同在缔约时都会把这一点考虑在内。因此其有利影响也必定会降到最低。"在这种情况下债务人不会从货币购买力下降中受益，即使他们现在只需要 98 个苹果去支付 100 美元的债务。因为债权人一定会在一开始就把这一点考虑在内，然后向债务人要求至少归还 102 美元。同样道理，如果一开始老板跟员工签合同时已经考虑到 2% 的通胀率了，那么即使公司卖的东西涨价了老板也不会有新的实际收益。如果所有人都知道通胀率是 2% 的话，那么对所有人来说其实都没有什么影响，因为他们会做出相应的调整消化这种影响。维克赛尔用一个人故意把表调快以避免耽误火车来形象表示物价持续上涨跟物价平稳之间的区别，“一个人把手表调快之后，为了达到提前的效果，他必须忘记自己把手表调快了，因为如果他记得的话就会在计划出行时始终把这段时间考虑在内，结果最后还是会迟到。”

对此人们不禁非常困惑，如果每个人都知道通胀率是 2%，那么他们就会要求提高自己得到的报酬，最后结果根本没有变化。如果明知这样起不到任何作用的话，那么央行为什么要设定 2% 的通胀率，为什么央行不保持物价稳定，这样就省了大家做无用功的麻烦？

一个看似合理的解释是为了防止拥有合理债务水平的经济体陷入通缩。如果消费物价随着时间发展陷入通缩，那么这个国家货币的购买力就会在同期上升。如果物价在一年内下跌 5% 的话，那么一年后的 100 美元将可以买 105 个苹果。因此对债务人来说债务负担就会越来越沉重，债务人可能现在需要 105 个而不是 100 个苹果才能够还上原来 100 美元的债务。由于通缩增加了债务的实际负担，会减少企业获得的利润，加剧失业以及工资下降，这些反过来把物价拉得更低，形成恶性循环，经济形势不断恶化。即使考虑到沉重债务负担的问题人们更喜欢通胀而不是通缩，但这仍不足以解释为什么人们都已经预测到通胀幅度，这种上涨不会产生任何影响，央行还是要保持物价上涨。

真正的答案就在于央行可以借此获得自由裁量权。一般情况下政府无意刺激通货膨胀或者贬值本国货币。所以如果所有人已经将通胀率考虑到商业交易中，那它对所有人都不会有影响。然而当央行决定货币购买力下降很有必要时，只要通胀率是正的，央行就有施加影响的空间。它只要把短期借贷利息设置得比通胀率低就可以了，事实上现在已经处于负收益的状态。这是很聪明的一招攻心术，央行并不需要提高通胀率来让货币购买力下降，通胀还是大家都知道的 2%，但事情却已经发生改变。现在购买力的下降是通过收益的损失实现的。央行通过这种方式让人们逐渐适应购买力下降的现实，通胀并没有加剧，只是回报收益下降了。央行这种新方法比原来政府明目张胆刺激通胀的老办法好多了，因为通胀一直是一个很敏感的政治议题，在民主社会可能会对执政党造成致命伤害。而且也会导致债权人的激烈反弹，因为他们会把进一步的通胀预期考虑在内，将借贷利息定得过高。然而如果通胀每年都是 2% 的话，那么人们的通胀预期也会一直是 2%。表面上央行承诺 2% 的通胀目标，但事实上央行代表政府却与此背道而驰。2% 的通胀目标在公众心目中根深蒂固，以至于当实际通胀超过这个目标时人们也只是把这当作短期市场波动，因为他们不认为银行会改变自己当初的承诺。然而通过降低回报收益率的方式降低货币购买力，央行已经系统而高效地完成了这项工作。

人们心中不禁产生疑问，为什么央行要让购买力下降呢？央行这么做主要是为了恢复经济衰退造成的伤害。因为人们拿不定别人是否会花钱进行消费和投资，央行就用降低货币购买力的方式刺激人们把钱花出去，让人们冒自己不愿意冒的险。比如商业银行将储蓄利息和短期国债的利息调到 0，而同期的通胀率是 2% 的话，那么实际的回报率就变成 −2%。这种负回报率的影响会随着时间发展越来越严重。按 2% 的通胀率计算，无息银行存款 35 年就会贬值一半。如果一个人在 50 岁时存有 10 万美元，10 年后他们 60 岁时的购买力只能折合 8.2 万美元了，等到他们 72 岁时就只剩 6.5 万美元了，那时候刚好赶上他们退休开始享受自己一生辛勤工作换来的丰硕成果的时候。所以 2% 的通胀率虽然听起来不高，但随着时间的发展结果就大为不同了，这会促使资金寻求更高的回报率，即使面对的风险也会成倍增加。

储户的损失就是借贷者的收获。如果负利率导致储户 10

万美元的储蓄在 10 年内变成了 8.2 万美元，那么同样的收益就会产生在借债中。这种对真实债务压力的缓解是对政府的馈赠，政府可以放心大胆借更多钱用于消费，帮助经济更快走出衰退的困境。同时这样也能减轻下一代人的负担，让他们不必背负过去的债务。

通过将价格稳定，从稳定的物价水平重新定义为每年 2% 的通胀率，实际负利率这一微妙手段在央行中发挥巨大作用。但实际购买力下降只是特效药，只能在短期内将经济从衰退中拯救出来。

第六章

皇冠明珠

由于储蓄人和商业银行都追求更高的收益回报率，央行只要把短期贷款利率调得比通胀率低就会引发一系列连锁反应。一开始人们会继续购买无风险政府债券，此后会投资各种到期时间比较久的资产，作为资金被长期锁定的补偿，其投资回报率也会更高。比如，存款者可能会把钱从活期存款账户中提取出来存成长期存款，比如6个月或更长时间。这样做实际上等于他们把钱借给银行，但由于银行是由国家担保，所以他们的钱还是安全的。商业银行和拥有大笔资金经验丰富的投资者会购买长期无风险的政府债券。由于利率会长期维持比较低的水平再加上货币实际购买力贬值越来越大，这会促使投资者购买更多长期债券转移风险。当越来越多的投资者蜂拥购买长期债券时，它们的价格就会上涨，因其资金占用时间比较长而产生的额外收益就会开始下降。与此同时能够产生更多收益的固定资产价格由于央行的行为而大幅上涨。央行的这种干预能力是其所有职能中权势最大的一项，是财富创造者皇冠上的璀璨明珠。

随着时间发展，很快长期无风险债券的收益就越来越低，无论是从贷款的机会成本还是从购买力损失的角度计算，收益都难以弥补受益人的损失。这最终驱使投资者和商业银行把钱长期借给私人融资者，如上市公司或个人。由于越来越多的资金为了高回报率而开始出借，借贷成本就会开始降低。

当银行和投资者蜂拥开始借贷给高风险的融资人时，他们心中默认的想法是融资者拥有长期还贷能力，能够一直存活下来。存款人（这里的存款人是指那些有闲置资金用于投资的人，比如商业银行和各种不同类型的投资者）一开始是为了保护他们存款的购买力不会贬值而参与其中，所以他们绝对不希望刚出狼窝又进虎穴，而如果借贷人破产或债务违约的话他们真会陷入这种困境。所以相比之下每年 2% 的购买力贬值幅度对他们来说还算能够接受。所以存款人如果要借钱给高风险的私人融资者的话，他们必须先确认这些融资者能够存活下去并且日常经营状况良好，以后能连本带息归还贷款。这是他们必须克服的信任障碍。这时候央行一手导演的货币购买力下降逼迫他们做出选择，更加容易克服信任障碍并且降低他们的贷款标准。换句话说他们相信了央行虚张声势的把戏，相信短期贷款利率下降后，商业活动就会因而繁荣发展，借款人也会从中获利并且连本带息归还贷款。

而且把钱借给有风险的私人融资者更长时间，存款人的收益也会被锁定：如果央行将来提高利率的话，存款人的收益相比之下会低很多。因此如果存款人要把钱有风险地长期借给融资者，他们就要全盘考虑得失。他们会考虑到如果经济发展走势向好，把钱借给这些相对于政府而言高风险的融资者的风险会大大减少，这时候央行可能会提高利率。这就是这件事情最小的机会成本。

长期贷款利率的下降会刺激资本货物买卖的繁荣，比如房地产市场、基建领域以及一些能长久使用的机器设备，因为这些东西能够产生长期收益。考虑到其收益潜力，这些固定资产价格通常都非常高，需要长期贷款才能正常买卖。由于贷款成本下降，买家就可以购买更多这种资产。如在上一章所述，如果贷款利率从 10% 降到 5%，一年以后的 110 美元其现值就会从 100 美元上升到 105 美元，让人们能够从将来的收益中贴现更多的现钱用于消费。不同的地方只在于这些实体资产的信贷融资周期不是一年而是多年。信贷周期比较长，如果此时贷款成本下降，那么多出来的那部分收益可能就会用来支付上涨的房租。因此贷款成本下降 1% 对方方面面都会产生影响，让这些资本资产价格发生剧烈变化。

现在假设有一处房产每年的租金是 12000 美元，维护成本是 2000 美元。那么户主一年的净收益就是 10000 美元。假设这处房屋的年收益一直不变，那么这处房产的价值用数学方式来计算就是去除成本后房屋每年的净收益除以长期贷款利率。

如果长期贷款利率为 5%，那么这处房产的估值就是 20 万美元。更直观的方法就是计算 20 万美元的年均回报率，如果这项投资每年能产生 10000 美元的纯收益，那么这项投资的回报率就是 10000 除以 20 等于 5%。同样的，如果一项 20 万美元的投资能够产生每年 10000 美元的回报，那么 20 年的时间就能够回本。这只是把 1 ÷ 20=0.05，即 5% 的回报率倒过来思考罢了。

如果该资产的利息降到 4%，那么其估值就变成 10000 ÷ 0.04=250000（美元）。假设租金净收入仍然是每年 10000 美元，借贷成本从 5% 降到 4% 会导致资产估值飙升 25%。央行应该重新审视其行为，在过去 20 多年里就是这种精心设置的低利率推动房价不断上涨，大众陷入非理性的炒房热。

同理，现行贷款利率下降会导致公司之前发行的债券价格上涨，原理就跟能永远产生现金流收入的固定资产估值上涨一样。然而由于这些企业债券的固定付息大都是有时限的，所以虽然其价格上涨幅度很大，但还不是那么显眼。

因此可以总结出，长期贷款成本的下降也能够提升股息分红的现值。进而股市市值也会大幅上升。然而长期贷款成本变动对政府债券和高风险融资者的影响是否同样适用于上市公司的股东或股市呢？

假设你购买了一份基金，这份基金基本上投资了所有大型上市公司，每年每股都能够分红 1 美元。为了看出低利率的影响，你必须反问自己今天你购买一股股票需要多少钱？如果这每年每股 1 美元的分红永世不变并且其跟年收益 5% 的长期政府债券一样安全，那么这一股股票的价格就可以通过计算现值得出，即 1 ÷ 0.05=20（美元）。

然而这一股息分红绝不会像固定合同约定付款那样保险和稳定。由于风险不确定性太高，所以其估值也必然降低，你在计算其现值所使用的利率也会更高。换句话说，你贴现将来的收入来计算其现在价值的比例也会更高。那到底多高才合理呢？这个问题只有投资者才有资格回答：高到让你愿意借钱和安心为止。借贷市场上借款人愿意以什么利率借钱给公司可能会给你一些借鉴，但这却不足以说服你行动，因为如果企业破产的话，债券持有人会优先于股票持有人得到偿付。因此你必须要得到比公司在市场上更高的利息才会甘心。打个比方，假如你经过通盘考虑把所有风险都考虑在内后，觉得比长期政府债券收益高 4% 是你的预期心理价位，认为只有这个价位的风险溢价才算一笔合理的买卖。因此你要求的回报率就是 5%+4%=9%，那么每股股票的价格就是 1 美元除以 9%，即为 11 美元。

很容易就能看出假如长期政府债券的收益降低 1% 的话会发生什么事情。由于这笔钱本息一定都是能收回来的，其收益也就不像股票等风险资产那么高。假设现在你对股息的不确定仍然没有改变，仍然要求 4% 的额外收益弥补你可能血本无归的风险，那么此时每股股票在你眼里的价格就从 11 美元变成了 12.5 美元，大概升值了 14%，这与 1% 的收益下降不太相称，但还不至于让人太震惊，特别是与房地产市场价格飙升的程度比较。

央行在这场游戏中主要的目的是让你相信它们的低利率政策会刺激经济繁荣，这 1 美元的分红是板上钉钉的事情。当你开始相信央行的这种能力时，你就会掉进央行的把戏里，把额外的风险溢价降低到比方说 2%，此时同样的 1 美元分红价值就上升了 50% 达到 17 美元，因此你的投资意愿就会大大提升。当越来越多的投资者都按照这种思路行动时，股市就会持续繁荣。很明显只要投资者相信利率下降的威力并且降低他们要求的风险溢价，央行就不用降低长期政府债券的收益。

而且现实中这 1 美元的分红不是上限。公司是按照一定比例拿出收入中的一部分作为股息派发给股东的。当经济持续繁荣时，公司营收也会不断上涨，那么分红也会相应增加。央行不仅想让你相信分红一定能拿到，更想让你相信收益在将来会不断增长。同样地，你越相信购买力下降会刺激存款人借出更多钱和借款人借更多钱投资消费，你就会越相信经济发展的前景以及股息不断上涨。当其他投资者也相信现实会朝这一步演进时，股市就会更加繁荣。

投资者通常都会根据当时经济增长速度来推测公司将来的收益和分红状况。央行刺激股市增长最有效的办法就是把长期政府债券（投资者一般主要关注十年期政府债券）的收益降到比实际或名义经济增长率还低的程度。这是因为投资者喜欢用名义经济增长率作为将来收益的参考，贴现时则参考政府十年期债券的收益率，只是这一收益率不足以弥补实际经济增长或通货膨胀的损失。预期股市收入的主要方法就是看相比于经济增长率，十年期政府债券的收益降低了多少。投资者会因此而提高作为分子的分红或者是降低作为分母的预期收益率。

央行用低利率以及货币购买力贬值的办法刺激投资者投

资风险资产，这种行为到底是对是错呢？除此之外鼓动群众相信它将会成功创造更多的经济活动这种行为也颇值得商榷。但央行却不认为自己做错了，在央行眼中这只是用来治愈人们对经济潜力怀疑和不信任的特效药，打消你提高风险溢价的要求并重振对未来增长的预期。市场在这其中又扮演了什么角色呢，是否不该掉进这虚张声势的把戏中并且相信未来的收益不仅会更高而且万无一失呢？这些都要具体分析，实际负利率可能促进更高的经济增长率，而且真实情况的变化可能证明投资者对未来收益的估计是正确的。

为了让你掉进虚张声势的把戏中，央行其实是用了《圣经》中的逻辑指令：如果你相信，那么你就会得到。我们相信经济的力量，当这种相信进一步强化时，我们就会过高估值那些高风险的相关投资项目。由于这种相信，我们投资组合中那些有风险的资产，比如公司债券和股票的价值就会升高。财富增多后人们就会把更多的钱用于消费。比如你持有的股份价值上升30%，债券价格上升10%，即使你不能立马就把钱兑现攥在手中，变得有钱之后的心理也会有很大不同。你可能不会再选择把工资存起来而是会愿意花出去，比如说买几双漂亮鞋子，去书店买几本书充充电或跟朋友相约出去大吃一顿。因此制鞋商、书商和餐馆经营者都会变得更加有钱，当他们手里的钱越来越多时，他们也会开始消费，如此循环往复。

更高的房价会激起一轮更强劲的消费冲动，因为升高的房价能让那些手中有房的人资产升值，他们把钱套现之后不管是用于家庭生活改善、度假还是做其他的事情都会促进经济发展。更高的资产价格不仅会提高家庭的资产价值，还会提升公司和银行的资产。公司可以因此借更多的钱，银行也会变得很乐意把钱借给它们，而且公司资产负债表上增加的资产价值让公司能更容易借到钱。

一般情况下股票和房地产市场都会开始上扬，但这种增长是这些资产价格上涨的结果，是由低利率推动。虚张声势的把戏进行得很顺利。就像到底是鸡先生蛋还是蛋先生鸡的问题永远搞不清楚一样，到底是资产价格上涨促进经济发展还是经济发展推动价格上涨也搞不清楚。但这个自我实现的动态循环的起点是信任，只要我们相信，这个动态循环就能一直持续下去。如果我们不相信经济会继续增长，不相信涨工资，投资者就会通过要求更高风险溢价的方式抵消长期无风险债券低利率的影响。但是由于我们相信未来的收益，我们投资的价值也会越来越高。所以我们就会变得更加富有，能够借更多钱用于消费，反过来实际上也就促进了我们一直假设的经济增长。

为什么较低的无风险利率不会促进股票和房地产市场的价格一直上涨呢？主要是因为投资者仍然记得以前的教训，所以即使长期无风险债券的利率已经降到比经济增长率还低，股票投资人还是不会轻易陷入央行的把戏中。比如在房产市场，贷款人对家庭借款人还款的能力会有疑问，所以他们可能不愿放贷或不愿以太低的利息放贷。归根结底这是一个信任问题：对投资者来说最近教训的伤痛让他们不敢轻易相信央行。所以最后他们不想承担放出低息贷款影响资产价格的角色。

用 2004—2005 年美国标普 500 指数发生的状况来说明投资者一朝被蛇咬，十年怕井绳的心理最为合适。在那两年里，美国十年期国库券的平均收益几乎比美国的名义经济增长率低两个百分点，标普 500 指数的价格在 2004 年上涨了 9%，2005 年只上涨了 3%。考虑到美国经济平均 6.5% 的增长率，股票市场的回报率不算太夸张。有观点认为这是由于投资者仍然没忘记刚进入 21 世纪那几年发生的股市泡沫破灭。

但如果这一切只是投资者信任什么的问题，那又如何解释他们与经济异常繁荣之间的关系呢？相对于实际经济增长率以及通货膨胀，此时无风险债券的收益率是否强制降低？

这种情况确实会发生，投资者盲目乐观地评估风险资产的价值并且鲁莽地将风险溢价降低，即使此时无风险利率还比较合理。实际上这就是投机泡沫的标志，然而这种行为不是央行引导我们相信的结果。值得注意的是，相对于经济增长，资产市场的高回报通常被错误解读为投机泡沫，而这其实是央行把长期无风险债券利率降低的结果。央行继续操纵无风险债券的利率，直到投资者受不了储蓄的低回报后开始听信央行的话，相信未来会有更高的现金流收益并且开始进行风险投资。有一个学术术语就是用来描述这种情况的——货币政策传导机制。

第七章

经济运行报警器

劳动力、资本和技术的发展决定经济引擎发展的速度和走向，贷款是经济引擎发展的燃料，能够弥补生产与销售之间的差距，但贷款受人类主观情绪波动的影响比较大。我们当然期望在社会中劳动力、资本和技术能够随着时间的发展不断进步，进而推动物质发展和经济增长。但由于贷款及人们心理的变化，经济增长率虽然整体呈上升趋势，但短期内却处于波动震荡之中。信贷一旦出现问题或者大众的信心遭受打击都会导致经济脱离原来向上的曲线出现波动。同样的，过度的信贷投放以及大众盲目乐观的情绪虽然短期内会让经济飞速发展，但当贷款减少，公众的狂热冷却之后，经济可能会遭受同样幅度的下降和打击。资产价格的货币政策传导机制就是为了以标准化的手段从内部防止这种大起大落现象的产生。当经济形式急剧恶化时，央行就会用虚张声势来影响大众，只要公众能够靠自己实现可持续发展的繁荣经济，央行就会开始回收低息贷款。这就是央行的初衷以及主要政策导向。

金融市场上的波动通常都会导致资产价格的急剧下滑，引发新的问题。财富的减少会产生两方面的影响，一方面会打击公众信心；另一方面会降低信贷抵押品的价值进而会影响经济健康向上发展的趋势。低息贷款因此就成为解决这个问题最简单易行的办法，因为降低利率会提升资产价格。但如果这些低息贷款并未如央行预想的一样促进经济发展而是用到别的地方，对此央行又该如何应对呢？

低息贷款通过借贷、放贷流到人们手中后会刺激消费，对产品和服务的需求会增加。只要对产品和服务的需求与之前闲置的生产力生产出来的东西能够匹配，物价就会保持稳定。但事情也可能发展到这一步，所有的工人都被雇用，生产力已经达到极限，换句话说经济已经达到最大生产潜能。

但是如果商人此时仍然预期社会需求会持续增长，他们就会需要更多的工人扩大生产，这时候只有出更高的工资才能吸引到工人。工人工资高了就会花更多的钱用于各种消费支出。然而由于经济已经处于最大生产潜能无法生产更多货物，公众就会开始面对消费品不足的问题。结果就是消费价格开始加速上涨，会超过 2% 的既定目标。从某种意义上说，消费物价上涨扮演着一种经济报警器的作用，警告央行经济引擎有过热的风险。央行的回应是提高利率，企图打消人们总需求会继续增长的期望。

这种情况就跟美国经济在 2000 年初期左右的表现差不多。假设有一家市值 1500 亿的上市公司此前表现一直非常好，但突然爆出欺诈丑闻，导致投资者对所有上市公司的信心都受到打击，股市暴跌 30%。人们的钱在股市打了水漂后就会减少现实生活中的支出，商业、企业也会因为负债累累而减少开支，并且无法得到贷款维持生产。当失业率开始上升，住房房租就会开始下降，比如说下降 10% 到 9000 美元。

几乎与此同时，央行会快速降低短期利率作为应对措施，这会降低长期国债的收益。假设降低 1% 的幅度到 3%，长期抵押贷款利率也降低 1%，从 6% 降低到 5%。虽然净房租收入下降 10%，但房价实际上升了 8%。经济状况整体上仍然很糟糕，但银行和企业已经注意到这 8% 的增长。

当房价开始上升时，拥有住宅的家庭就可以变卖房产用于消费，或者他们可以把房产抵押，用得来的贷款进行消费和投资。竞逐利润的企业家们会借钱投资房地产市场，在此过程中增加对原材料和劳动力的需求。这些新就业的劳动力挣了钱之后会花出去，结果就是经济发展的整体需求都开始上升，企业会雇用更多工人。

如果消费物价上涨的压力不太大，就没有必要提高利率。

只要通胀维持在2%的既定水平上，经济发展的良性循环就会一直持续下去，就业也会一直增加。同时贷款人也会更乐意借钱给那些想用房产进行抵押的人。如果要在政府债券3%的收益和房价上涨期间更高的利率做选择的话，很明显大家都会选后者。假设商业银行把房贷利率进一步降低到4%，而且工资与房租增长成正比例，假设工资上升5%，最终房价会继续上扬31%。

这种变化的结果会波及社会经济的方方面面。公司利润会因低贷款成本和高需求而上升，股票价格也会再次上涨。人们的净收入也会因为高房价和手里的股票债券价格上涨而增多。这会提升人们的信心，促进消费开支增加。整个经济都会因房地产部门而进入良性循环之中，或者说得更宏观一点，是通过那些需要长期信贷支持的固定资产投资部门。

当公司雇用更多员工，经济达到最大潜力，工资和租金随着时间发展上升比如说20%的话，名义工资和房价分别上涨26%和51%。央行现在开始再次提高利率，政府长期债券的收益回到4%，但抵押利率只升高到4.5%，因为经济情况比较好的时候贷款的风险溢价就会降低。当失业率下降并且经济达到最大发展潜能时，消费价格就会上升到2%或稍微高一点的水平。对这种结果比较满意并且接收到经济报警器发来的消息之后，央行就会继续提升利率，促进经济恢复常态发展。

第八章

金融市场：政策试验场还是赌场

人们经常把金融市场比作赌场，在这个赌场里，纳税人提供资金，银行家负责操盘，睾丸激素分泌过多的交易员和投资者进场赌博赚快钱。那谁是这间赌场的负责人呢？很多人都会指责是央行，这不能说是对央行的诽谤，因为是央行的计划将金融市场变成了赌场。虽然交易员和投资者确实有时会屈从于赌徒心理，但他们之所以参与这场由央行主导的游戏主要是为了避免蒙受经济损失。

金融市场本质上是一个资产集市，供手中有大笔资金的公众买卖资产，为以后做准备。不管是他们想通过金融市场投资弥补购买力下降的损失，还是想通过借贷获得更高的利息收入，包括私人和机构投资者（包括商业银行和保险公司）在内的存款人都想要通过金融市场挣更多钱。所以他们来到金融市场把钱借给那些急需资金进行商业活动的人，或借给那些自己手头的钱不够想借更多钱并购的人。除此之外他们也可以购买上市公司的股票成为股东，分享股息收益。

除了手中有现金的存款人，这个市场里的另一方就是借钱的人。他们以一定的利息从存款人手中借到钱，希望能够挣到比贷款利息更高的利润，或仅仅是为了弥补收入和支出之间的巨大差额。市场上最大的借款人就是政府，其次则是公司和个人，他们或者为了账面收支平衡而短期贷款，或者为了某项投资而长期贷款。

所以在金融市场里存款人和贷款人是两类主要的人物。与传统吸收储蓄的商业银行不同，投资银行主要充当中间人促进合作的角色，向存款人和贷款人提供服务以满足他们的目标。它们的商业模式就是通过促成双方合作收取服务费，一方面是想要购买各种资产的存款人，另一方面是发行各种金融债券的借款人。

然而选择的权利仍然掌握在存款人的手中。钱是他们的，所以他们可以选择怎么进行投资：是否要把钱全投进去，投进去的话又该投多长时间，更重要的是该要多少利息比较合理。虽然表面上看起来存款人可以自由决定他们的投资意向，但实际上他们无形中却受到央行的引诱甚至是胁迫。

当央行调整其借贷给商业银行的短期借贷利率（即银行利率）时，会对经济中的贷款利率产生连锁反应。央行专注于买卖政府发行的短期债券，希望能让贷款利率发挥影响。然而长期利率只是一系列短期利率的平均值而已。所以每次短期利率出现波动时，长期利率也会相应出现变动。因此当央行暗示基准利率会出现变化并召开发布会对以后的动向做出说明时，整个政府债券市场都会出现波动，影响 30 年期政府债券的价格和收益。而且在发布会上央行还会努力影响交易员和投资者对以后的判断和预期。通过这种方式，央行悄无声息地加强了长期债券的价格及收益变化。金融市场上价格之所以发生连续波动主要是因为，央行一方面通过改变贷款利率实际上改变了存款人手中债券的价格；另一方面存款人会努力预期这些价格变动以减少损失。

通常来说，基准利率适度下降会促使存款人寻求更高的回报率，让长期国债收益率下降，并且降低风险贷款的成本，让风险资产的价格朝着预想的方向发展。然而每次一旦出现股市崩溃或经济严重衰退，存款人就会变得更固执，他们拒绝接受高风险、低回报的投资——虽然这种风险在央行眼里有利于经济不断发展，实现其最大发展潜力。

央行必须付出更多努力去影响市场心理。当短期利率接近 0 时，央行会大量买入长期政府债券以及尽量降低长期无风险债券的收益。目的就是为了用各期限债券的收益率挫败存款人，迫使他们为了高回报率而进行风险投资，同时这样做也会增加银行手中的存款，鼓励银行放贷。当央行大规模买入包括风险资产（如抵押贷款及资产证券）在内的资产组合时，私人投资者就无力要求更高的风险贷款补偿。相反，他们专注于买入这些资产增加银行存款，在这个过程中抬高它们的价格降低其收益。

同样的，央行还提供明确的前瞻性货币政策指引未来数年内的联邦基准利率。市场参与者能够预期央行会采取什么样的行动，但考虑到经济会发展以及利率会升高的不确定性，他们却无法从中获得额外收益。央行明确的前瞻性货币政策会将低利率维持一段时间，消除经济发展的不确定性并且进一步降低利率，正如它们消除投资者要求额外风险溢价的心理一样。这种指引政策会进一步降低政府债券的收益，给存款人产生更大压力，同时鼓励借款人在做投资决定时认为央行会一直维持低利率政策。

为自身考虑央行并不想降低政府债券收益的等级，它们只是想通过压低政府债券收益促进信贷融资。这就要求存款人和借贷者能够有效互动，但这需要他们有这样的心情才可以。暗示利率将长期维持在低水平线上有时会产生适得其反的效果，会让公众以为经济状况真的出现了严重问题，让银行无法在近期将利率恢复到以前的水平。

为了应对这种状况，央行并没有进一步降低无风险债券收益，而是选择操控人们的心理。它努力让公众相信自己做出的维持低利率的承诺是有效的，实际上是在吹嘘自己虚张声势的把戏是稳赢不赔的。然后央行会用手中持有的短期债券的收益购买长期政府债券，而非使用自己可以发行弹性货币的职能。当大规模购买长期政府债券最终导致公共债务货币化以及通胀趋势后，央行开始警惕投资者把钱借给政府时可能要求更高的回报和补偿。央行之所以玩这套卖掉某些东西来买某些东西的把戏是为了让公众相信其有能力在降低长期债券收益的同时不引发通货膨胀。这些手段的最终目的是打消存款人因风险而要求更高风险溢价补偿的心理。如果这一套策略没有奏效，央行的手段会更明目张胆：它会持续大规模购入债券释放流动性，直到市场上的风险贷款利率开始下降，促进资产价格上涨来推动经济发展。

投资者、银行以及交易员的反应会随着无风险利率的变动以及他们对未来经济发展的预期而做出改变。金融市场的喧嚣嘈杂看起来好像投资者们都是为了牺牲他人的利益捞一把而进场的，是出于个人的自由意志行动。然而央行近些年来哄骗、顽弄公众的行为已经向我们透露出投资者只是受那时微妙的货币政策的摆布罢了。他们出现在这个赌场中也是受到央行的胁迫，因为央行很清楚他们的敏感性，不愿以较低的价格把钱借给政府，获得的回报无法补偿借钱的风险以及丧失的机会成本。如果说投资者确实有罪的话，就是他们轻易就顺从了央行这套虚张声势的把戏，以为廉价贷款和通货膨胀会使现金流收入增多，最终会稳定资产价格的高估值。

第九章

杰克逊霍尔共识

1966 年，当时美国股市标普 500 指数上升了 20%，而同期十年期国库券的收益只上涨了 1%。这不能说是央行蓄意降低长期无风险利率以鼓动公众进行风险投资的结果，但客观上投资者确实减低了他们的风险溢价期望，预测未来经济会向好的方向发展，并把钱投到股市当中。

由于前一年股票价格刚上涨了 34%，所以央行忧虑股市正在形成泡沫，如果泡沫一旦破灭的话会引发像 1929 年股灾一样的经济衰退。1996 年 12 月的一次会议上，时任美联储主席阿兰·格林斯潘曾问过这样一个问题：央行如何分辨股市繁荣到底是经济增长的反映还是部分投资者盲目乐观的产物呢？虽然不清楚格林斯潘到底是否有意为市场降温，但“盲目乐观”的标签很快就成为热门词汇，人们把从股市获得的一切收入都视为“盲目乐观”的结果，因为其收益远高于经济整体增长的速度。虽然低利率对固定资产的影响在货币政策中发挥核心的作用，但其角色却不知为何没有得到充分认识。

当美国股市的牛市继续发展时，困扰央行高管和经济学家的问题是应该采取什么样的政策缓慢遏制股市的疯涨，或者更宏观地说，遏制风险资产的价格。央行该对这些变化负责吗？1999 年堪萨斯联储在怀俄明州杰克逊霍尔地区召开了一次年度讨论会，会上两位经济学家本·伯南克（继格林斯潘后接任美联储主席）和马克·格特勒对这一问题做出回应。他们的论文论证了现实经济发展的状况，后人将其称为杰克逊霍尔共识。

这个主要由央行银行家们达成的共识认为资产市场在很大程度上是游离于他们影响力之外的。如伯南克和格特勒所言，资产价格升高时就提高利率，资产价格下降时就降低利率，想要通过这种办法来跟踪管理资产价格有几个现实因素限制。由于央行无法确定资产价格上涨哪一部分是经济发展的表现，哪一部分是市场过度乐观的反应，所以本质上央行跟市场的其他参与者一样都无法确定这些资产的真实价值。而且它们担心每次股市或房地产市场上涨时，由于人们都知道央行会加息，所以这会对投资者产生反向影响。让市场陷入不必要的衰退中，就业增加和工资上涨也无法抵消这一负面影响。联邦储备委员会 1928 年时就担心用利率来遏制股市会打击正常的商业活动，它们指出想要消除经济泡沫将会严重影响金融市场及经济发展。

有人认为因为央行非常关注通货膨胀，所以它最终会出手控制在这些市场中潜在的一些经济泡沫。当股市及房地产市场价格上涨时会让人们变得更加富裕，更加愿意消费，并且一旦经济发展超过其最大生产力，消费需求上升，而产品与服务的生产能力无法相应提高，最终就会引发通货膨胀。由于央行有控制通胀的责任，所以它会提高利率遏制通胀。最终，股票及房地产市场价格上涨导致利率升高，而央行会努力抑制资产价格的上涨倾向。

所以得出的结论就是央行应该依靠消费价格上涨来分析、判断股票和房地产市场过分夸张的价格变动。“央行可以通过资产价格变动导致的通胀及通缩压力来分析经济状况，避免经济发展出现大起大落，而不必费心地分析判断商业活动的后果。”伯南克和格特勒解释道。关键在于，这种办法免除了央行做价值判断的责任，不用绞尽脑汁分析房地产和股票市场的哪部分涨幅是由投机造成的泡沫，哪部分是经济增长的结果。这种办法让通胀扮演着船舵的角色，决定经济走向。然而虽然央行想要忽略当前通胀并依照它们对中期发展的评估来做出回应，但这种办法却赋予央行自由裁量权来决定哪些行动会导致通胀，哪些行动会导致通缩，以及采取行动措施的程度。

现实里央行的自由裁量政策会导致有倾向性的市场反应。美联储和英格兰银行对资产价格的下跌都十分敏感，因为这有可能会导致通缩，进一步恶化成全面的经济大萧条。1929年华尔街股灾的噩梦以及批评美联储在危机之初没有及时应对的声音让美联储和英格兰银行对不作为这一指控一直很敏感。因此它们忠于职守，金融市场发生任何一点风吹草动它们都会马上释放大量廉价贷款稳定风险资产价格。

相比之下，资产泡沫只有在消费增加以及由此导致的就业增加超过经济的最大生产力时才被认为是通胀。在这种观点里暗含着一个意思是资产价格泡沫总是会导致消费者对产品和服务的需求增加，这种观点无视投机泡沫的最大特征在于其已经绕过实体经济而自成体系。

当恐慌的投资者因为风险增大而要求额外的补偿时，央行只是通过降低长期无风险债券的收益率的方式做出回应，所以央行把它们的政策视为只是为了改变市场心理而做出的必要手段。由于资产价格充当着促进发展的重任，其价格下跌有可能会重复1929年经济危机的悲剧。因此，一旦资产价格出现风吹草动，央行的责任就是保证资产价格回到原来的水平。就央行而言，它们不是让资产价格上涨，而是在资产价格失控前让其再次回升到原来的水平。而且这种再通胀不是为了让价格达到特定目标，而是要恢复到之前经济活动的正常水平，并且能够促进整体经济活动持续发展，确保资产泡沫破裂不会对消费和就业造成永久伤害。

然而央行忽略了一个事实，那就是投资者不可能刚经历了一次泡沫之后又被吸引到另一项资产投资中，因此它们的再通胀措施很可能让资金流入到其他资产领域中形成新的泡沫。但在央行眼里这种狂热只是投资者信心的表示，不仅是经济增长的先决条件，而且标志着低利率政策的成功。

央行玩弄着一场微妙的、精心策划的游戏，看起来这个游戏拥有一切必要的内部制衡措施。短期来看这些制衡措施很有效果，几乎像教科书写的一样标准完美，但随着时间的发展事情却开始变样。

BLUFF: THE GAME CENTRAL BANKS PLAY AND HOW IT LEADS TO CRISIS

第三篇

渐入歧途

第十章
不和谐的小问题

在实行金本位制度的一个世纪内，货币的购买力价值一直保持平稳，但到了 20 世纪 30 年代，金本位制度却成为了遏制经济增长的罪魁祸首。在美国，价格的急剧下跌（物价骤降）是造成大萧条的主要原因，不仅加重了贷款的实际负担，而且降低了企业利润，使企业破产倒闭。因此“二战”结束后美国和英国都改弦更张，认为货币购买力的缓慢下降会促进经济持续繁荣向好的方向发展，只是最后却发现低利率及政府无所顾忌的大规模支出只会导致通胀和经济停滞。

20 世纪 80 年代后期及 20 世纪 90 年代早期时隐时现的通胀目标为这两个世界提供了最好的解决办法。政府非常看重总需求，因为总需求增加能扩大就业，而就业和控制通胀是政府的主要责任。这两个目标是一体双面、互为补充的：总需求会刺激通胀，而通胀作为一个敏感的工具，在必要的时候可以促进总需求增加。当经济受衰退威胁，公众就会倾向于减少消费，这时较低的短期真实利率就会重新把人们拉回到政府认为正确的道路上。与此同时，更低的长期无风险利率及公众乐观情绪能让股票及房地产市场价格不断上涨。这一切就形成一个良性循环，银行乐意把钱借给那些拥有良好资产负债表的个人和企业，而这些个人和企业也十分乐意抵押贷款进行消费。这一套政策看起来运行得十分流畅，虽然经济活动看起来受到一些挑战。1987 年美国股市崩溃得十分迅速，几乎让人没有反应时间。20 世纪 90 年代前期的衰退是用低利率的良药治愈的，利率随后在 1994 年恢复到原来水准。

20 世纪 90 年代中期，通胀在英、美两国都急剧下降，再加上经济增长十分强劲，之前 20 年困扰着西方世界的经济难题现在看起来已经完全得到解决。科技革命横扫全球，深刻改变了全球工人阶层的生活方式。到 20 世纪 90 年代后期，英国的失业率已经从 1993 年的 10% 降到 6% 左右；在美国失业率也降到 5% 以下。同时两国的通胀都控制在 2% 以下。看起来没有任何事物能够威胁到眼下美好的经济形势，不管是经济衰退还是全球金融市场的崩溃，各央行都有足够的手段去应对。它们相信，较低的长期及短期利率能够维持资产价格和总需求不下降，促进经济增长并且稳定金融市场。

然后 1998 年夏天俄罗斯出现主权国家债务违约问题。7—8 月美国股市标普 500 指数跌了 20% 多，美国国债的收益也急剧下跌。掌管着 45 亿美元对冲基金的美国长期资本管理公司在金融市场动荡中受到冲击，出现严重亏损。如果美国长期资本管理公司倒闭的话肯定会让市场更加动荡，造成大范围的经济和金融恐慌。最后与 1890 年英格兰银行行长林德戴尔拯救巴林银行时采取的措施一样，美联储敦促主要债权人组成联合财团为美国长期资本管理公司提供担保。最后公司成功活下来，避免破产以及强制资金清偿的结局，也安抚了整个金融市场。与之不同的是，林德戴尔当时还提高了银行利率，而美联储却降低短期利率安抚金融市场，当时的失业率是 4.5%。随后美联储在 1999 年又小幅提高利率。英格兰银行在这两个例子中都紧跟美联储的步伐，从 1998 年 10 月到 1999 年 7 月中旬，标普 500 上涨了 50%，富时全股指数（由富时 350 及富时小型公司指数组成）上涨超过 40%。这两个指数增长的幅度都超过了 1998 年俄罗斯债务违约时损失的幅度。

一直以来，英、美两国在努力降低失业率的同时也在保持通胀稳定在合理水平。就是在这时候游戏开始出岔子。此后工资最大增幅没有超过 5%，而房地产和股票市场均以两位数的收益增幅不断上涨，让资产和消费价格背道而驰。消费价格没有赶上资产价格飞速上涨的幅度，央行对此视若无睹，它们觉得这很正常，认为这是实现充分就业、消费价格上涨的良性循环。而且通胀还控制在2%，它们认为这表明利率已经与总需求完美同步，只要在实际需求超过生产最大潜力前及时上调利率就可以避免通胀的危险。央行仍然依靠消费价格上涨的幅度来决定是否改变利率，进而影响经济发展。一直以来，各种资产价格都会轮流通胀，发展成投机泡沫，最终破灭将整个经济都拖累。

其他人总是将泡沫问题归咎于投机者，而行为主义理论家却将目光放在投资者的羊群效应心理上。然而让人无法理解的是，投资者为什么突然在泡沫化程度已经相当高的市场中再次投机，而且这种事情就在一代人之前刚刚发生过。虽然金融从业人员、学者和央行金融家们在再通胀游戏中将低利率对资产价格的影响当作基本的前提，但人们对低利率政策是资产大起大落的根源这一问题仍认识不足。可能央行认为它们已经尽到了自己的职责，因为投资者降低了它们进行风险投资时要求的风险溢价。但投资者是受驱动参与投机，是被引导着这么做的，这一点被掩盖了。

用低利率刺激再通胀只能起到短期作用，甚至会导致金融市场陷入动荡，对实体经济产生更大伤害。工资增长与资产价格之间的不协调让金融系统无法抵御借贷成本上升的后果。而且剧烈的崩溃不是由那些利用优势地位剥削无辜投资者的逆向投机人造成的，在很大程度上市场上的逆向投资人已经所剩无几，因为投资人就像羊群，由于受到央行政策的刺激蜂拥逃窜，大部分逆向投资者都被羊群撞倒践踏。当羊群发现工资与资产价格之间的鸿沟，并且准备越过去的时候，崩溃就发生了。

第十一章

意图 VS 激励

电影《功夫熊猫》中，阿宝的父亲向阿宝坦诚并没有什么神秘原料，想要让一件事情变得特别首先你得自己相信才行，这种把戏虽然让小孩子觉得十分神奇，但说穿了却一文不值。但蕴含在编剧朴素台词中的却是东、西方古老智慧的结晶。

《圣经》中“如果你相信，那么你就会得到。”这句话表明，不管好事还是坏事只要在我们脑海中久久萦绕的观念最终都会逐渐演变成现实，这暗示我们的信仰在有意无意地指导着我们的行为。因此不管你是不是真的特别，你都会带着这样的信念开始行动。印度经典《奥义书》详细阐述了思想、行动和结果之间紧密的关系：

你就是你内心深处真实欲望的化身，

你的欲望会转化成你的意志，

你的意志会转化成你的行动，

你的行动最终就是你的命运。

这种哲学理论同样适用于经济学。节俭悖论主张如果我们把更多的钱节衣缩食省下来以备不时之需，那么经济困难时刻就会降临。所有这些事例都说明一个同样的道理：我们一开始心中所怀有的坏的想法最终基本上都会发生，因为我们潜意识里就在朝这个方向去做。

因此央行为了促进经济繁荣而千方百计努力改变我们的想法依据，不仅来自于现代经济学理论，还从古人的智慧中学以致用。既然如此，那么为什么这些好心的措施最后没有带来繁荣的经济，而是让我们身处经济大起大落的恶性循环之中呢？为什么当股市与房地产市场周期性上涨时我们的工资却总是纹丝不动呢？答案就在于它们想用收入来促进财富增长这条路，而它们的行动却与这个目标南辕北辙。

在克努特·维克赛尔1898年出版的作品《利息与价格》中，他详细解释了低利率对房价（或者广而言之，所有那些能够给它们的所有者带来收入或租金的资产）的巨大影响是如何逐渐渗透到经济发展的其他方面，最终体现在所有物价都开始上涨：

这可能导致所有物品的价格都升高到房价上涨的幅度。建造房屋的原材料及人工等费用也会增加。这些推测都是基于房屋的纯收益（尤其是房租）在未来不会改变的基础之上。但工资和地租等将来都会改变，这会导致所有其他物品价格的上涨，也包括房子。

如果低利率只加剧了对资本商品的大规模投资，那么这些相对生产过剩（相对于经济生产中的其他产品与服务而言）的资本商品只会意味着“相关商品价格更快均衡化”。这是由市场经济基本定律得出的结论，当销售房屋供过于求时，就会导致价格下降，同时其他产品和服务的价格会因为相对短缺而提高，结果就是所有物品价格的全面上涨，不独只有房屋等资本商品的价格。

他阐述了这种价格上涨是如何自成体系并且提高人们对未来的通胀预期，产生的效果就跟进一步的信贷松动差不多：

价格的上涨趋势在一定程度上让经济负担更重。当价格在一定时期内稳定上升时，企业家就不仅会考虑已经到手的钱的成本，还会将未来价格进一步上涨考虑在内。这对供需关系的影响就跟信贷松动一样。

维克赛尔的这一理论强调利率对资本商品价格产生的巨大影响以及这如何导致全面的通胀，虽然今天这一理论已经为人所熟知，但在当时这项原创理论影响很大。事实上，央行调控利率不仅会对资本商品产生影响，还会对资本资产产生影响，包括房地产等实体资产及金融资产。今天该理论更加深化，假设刺激资本资产的价格会促进经济增长，只有当经济达到最大生产潜能的时候才会引起通胀。与之相比，维克赛尔的理论假设经济已经达到最大生产能力，因此其强调的是低利率对价格方面产生的影响。

然而，今天我们重新审视一下维克赛尔的理论还是十分有益的，特别是央行的资产价格传导理论容易忽略的一些地方。按照维克赛尔的原始理论，在资本资产与消费品和服务之间应该有一个相关价格均衡化的过程。事实上，使用消费物价上涨指数作为参考，本来就是相对需求及资本资产与消费品和服务之间均衡化的直观展示。打个比方，假如房价上涨促进收入增多，进而导致经济中所有产品与服务需求的增长。此外，当更多的建筑项目开始施工后，由于供给增多，房价的增幅就会下降，与此同时那些房地产从业人员及相关产业员工因为从房地产增长中挣到了钱，就会增加对其他产品与服务的需求。只有这种需求均衡化实现，并且社会实现充分就业，价格上涨趋势最终才会在消费品与服务价格中得到体现。

但如果由低利率导致的资本资产狂热，并没有实现预期对其他产品与服务需求的增长呢？假设资本资产是肉，日用消费品是蔬菜，消费服务是复合碳水化合物，如果现在人们为了保持健康而节食，央行却想要人们吃更多东西，不管是什么东西，只要在健康允许的范围内就行。带着这种意图，央行降低了肉的价格，现在人们花更少的钱就可以买到跟以前一样多的肉，剩下的钱就可以买点其他吃的。一开始人们肯定会因为肉更便宜而增加对肉的消费，但这一段时间过去后人们还是会回到原来的生活习惯，相应地增加碳水化合物和绿色蔬菜的摄入量。当然这种情况也不是一定的。公众也可能大量增加肉类饮食而减少碳水化合物和蔬菜的摄入量。短期来看公众的需求得到了满足，但从长期来看这种行为会引发一系列严重的健康问题。央行无法通过改变肉类价格让人们吃得更多来实现其想要的结果——让公众更健康。

让我们举另一个例子来说明。假设有三个人：A 先生有份稳定的工作，领着不高不低的工资，自己有一套房子，银行还有一定存款；B 先生工作很好，工资很高，银行存款也不少，但他不喜欢负债的感觉，所以没有买房子而是租的房子；C女士在最近的经济衰退中失业了，储蓄也所剩无几。如果现在央行将短期利率降到0左右，物价每年上涨2%左右，并且长期贷款成本也在下降，那么这三个人会对此做出什么反应呢？

C女士只能靠微薄的储蓄度日，把钱花在生活必需品及房租开支上，对价格上涨不太敏感，只希望能够赶快找到一份工作养活自己。A和B两位更加富裕，也有更多选择的空间。考虑到他们对自己之前的消费水平比较满意，可能他们不会受实际负利率的影响去花更多钱。比如他们都比较喜欢跑步，每周跑几次，一年会换一双跑鞋。他们会因为预期跑鞋的价格在未来一年会增长而选择现在先买三双鞋放着吗？可能不会。如果物价通胀2%，只要他们的工资涨幅与物价涨幅一致，他们在将来购买这双鞋的实际价格没有发生变化。如果物价上涨的幅度超过工资涨幅，他们可能就会不再买新鞋，而是考虑旧鞋能不能多穿几个月，这取决于他们当时对自己未来收入预期的信心有多少。由于他们的基本需求已经算在他们当前的消费水平中了，把钱花在消费品上的欲望就比较低。

A和B两人会综合考量诸多因素。即使央行能一直保持2%的通胀目标，价格也会在35年后翻倍。A和B现在开始明白，不管对错与否，央行只是将之前的急剧通胀看作是短期行为，而且他们的收入可能无法跟上通胀速度。10 年平均 3% 的通胀率就能让 10 万美元的购买力下降到只有原来 74000 美元那么多，而且如果一直按这种通胀水平，价格会在接下来不到 24 年中翻一番。这不禁让人们开始质疑货币作为价值储藏手段的职能，而且企业沉重的债务负担会让央行更加有动力在未来数年内继续放任通胀。因此他们会开始保护自己免受损失。即使他们对晦涩难懂的金融知识知之甚少，不能完全把这些东西弄明白，但是他们会注意到当他们的储蓄回报率接近 0 的时候物价还在上涨，而且他们工资的涨幅完全无法跟上通胀速度。为了对抗通胀，A 和 B 没有把钱挥霍在消费品和服务上，而是会选择购买保值资产，他们相信这些资产能够抵御长期通胀的损失。

与此同时，借贷成本很低。A 和 B 被鼓励利用这些低利率贷款投资，他们可能通过储蓄杠杆借更多钱投资房子，如果短期内通胀水平突然提高的话，这能有效避免他们蒙受经济损失。而且 A 甚至可能把第一所房子抵押用于房产投资。虽然 B 不太想背负债务负担，但他现在被迫把钱投到他认为容易变现的资产中，在通胀时能够有效保值。

股票市场是另一个十分诱人的投资市场，因为通胀增加了商业收入，虽然这不会让工资上涨。从历史上来看，在二手市场投资黄金、艺术品及奢侈品能够有效抵御通胀损失，这也不失为一条可行之路。那些有能力的人可以有效避免自己蒙受通货膨胀的损失，但像C女士以及与C女士同样处境的人来说，即使他们能够看透当前局势也没有足够的资金来保护自己免受损失，如果有这样的机会，他们肯定也会购买资本资产，因为这些资产升值的速度比其他任何东西都快。

当A和B的投资升值时，我们预期他们会把资本收益更多地用在奢侈品和度假上，但央行的初衷是为了让他们投资。因为资本资产价格上涨的速度远比消费物价上涨的速度快，看起来当消费水平保持合理时，把钱用于投资比现在花了更好一些。所以在很大程度上，信贷和货币供应增多会促进资本资产投资。有迹象表明，银行储蓄的下降会导致支出的增加，然而这种支出主要是用于债务偿还支付，与大额借贷用于资本资产投资有关。即使失业率达到10%，剩下90%有工作的人也会想方设法进行投资，想要弥补储蓄购买力及工资的损失。所有这些都表明期望中资本资产与消费品和服务的相对需求均衡化并没有发生，或者说导致双方价格上涨速度均衡化的措施力度远远不够。

不管是在经济理论还是现实中都无法保证教科书上所说的需求及价格均衡化会发生，事实与教科书所期望的正好相反，这只是理性人面对低利率的合理做法，保持购买力，追赶不断上涨的物价。结果就是双重经济：第一重是直接或间接参与到资本资产中；第二重是参与到所有其他产品与服务生产中。

现在让我们来看一下那些没有直接参与到资本资产投资中的企业现状如何。由于对它们的产品服务的需求并没有多大增幅，它们就不会热衷于扩大生产规模，增加雇员，或者至少不会像资本资产投资中那些企业一样热情。如果这些公司是公开上市公司，它们就会利用这次低利率的机会借钱回购股票，借此改变公司股权结构，提高股息分红。虽然现在对于产品需求略有上升，公司雇用了更多工人进行生产，但偿债成本降低产生的任何收益都不可能用于增加员工工资。

而对那些参与到资本资产投资的公司来说，工资总额会变得更高，因为员工人数以及支付给每位员工的工资都有所增加。但这不能说明整个经济都在增长，整体增长是由资本资产部门与消费品和服务部门合起来计算出来的加权平均增长率，尤其是消费品与服务部门占的权重更大。结果总体来说，经济及工人工资增长都落后于资产部门经济增长的速度。

如果大部分经济增速都落后，央行为了促进整体经济复苏，只能更加依赖资产价格的上涨，所以央行对资本资产价格的支持力度会更大。但在整个一篮子的资本资产中，总会有一种或几种还对之前经济泡沫破灭的风险心有余悸，所以低利率的影响会集中汇聚到某一个资产类别中。这只会加剧由通缩造成的不平衡。

因此，即使更多工人找到工作，所有人的工资也都上涨了，价格上涨趋势也主要体现在资本资产的价格中。当价格在一段时期内稳定增长，市场参与者在做决定时就不仅会思考已经达成的定价，还会将价格未来的涨幅预期思考在内。这对供需的影响就跟相应的信贷宽松一样，并且即使央行停止释放信贷，资产价格上涨也开始独立于央行的影响。

这种现象造成的结果就是资产价格对通胀造成影响，而本来通胀是与人们的工资以及消费品与服务的价格挂钩的。所以资产价格不仅没有促进经济增长，自身反而成为一种货币现象，与价值创造正好无关，也不是价值创造的结果。低利率、潜在的通胀压力及当前合理的消费水平让人们无法兑现这些财富收益，把钱花在消费品与服务上。因此央行虚张声势的把戏，即强化资产价格来支持人们的信心，鼓励人们花钱促进经济增长制造了一个极端不稳定的局面，资产价格已经与经济现状完全分离。在这种情况下想要让资产价格保持在高位，只有继续依靠低利率支持或者某些投资人，愿意持有这些回报率不足的风险资产。

第十二章

通胀悖论

有一位病人曾去位于伦敦市中心的国民医疗服务门诊看病，事后愤怒的她到网站评论区留言抱怨自己的不满。当时她找值班护士想问问能不能一年检查一次身体，医院本来建议她每三年复查一次就可以。护士为了打发她回答道，如果她一直痴迷于自己的健康状况每年重复做检查，那么最后她很可能真的就得病了。病人觉得护士的回答很伤人，事后就把这件事发到网上，而且给门诊部门评分打得非常低。随后门诊部正式道歉并且谴责该护士的不当言行。

这个护士可能是对自己的言行会造成的影响不太敏感，但她说的有时候确实是实情，就像《圣经》中所言：“如果你相信，那么你就会得到。”关于是否我们过于担心自己恐惧的事情最后总会变成现实值得商榷，但对央行来说这一信念却毋庸置疑。通过使用利率和通胀来改变通缩前景和随之而来加重的真实债务负担，它们事实上增加了发生这种危险的概率。

再以之前我们说过的房子为例，一栋房子每年的租金净收入是 1 万美元，如果长期贷款利率是 5% 的话那就意味着这栋房子的市场价值是 20 万美元。如果现在贷款成本下降到 2.5%，按 1 万美元纯租金收益计算的话市场价值升高到 40 万美元。假设房主有 6 万美元的抵押贷款，那么此时他抵押这栋房子就可以拿到 30 万美元的贷款。他花了 10 万美元用于度假以及其他消费，然后拿剩下的钱作为定金又投资了第二套房产。这套房子每年的租金也是 1 万美元，房子的市场价值是 40 万美元，因此他就多了 20 万美元的贷款。他第一套房子的贷款价值比是 90%（房屋市值 40 万美元，他拿到 36 万美元贷款，所以贷款价值比是 90%），但第二套房产（打算出租）的贷款价值比只有 50%。他的总债务负担就从 6 万美元涨到 56 万美元，此时两栋房子的总市值是 80 万美元。

假设 4 年后央行提高利率，贷款成本回升到 5%。一度满怀信心的房主此时发现自己的处境变得十分糟糕，现在他每栋房子的市值只有 20 万美元，而债务还是 56 万美元。央行之所以会有提高利率的举动是因为认为低利率导致的额外开支最后会促进工资水平提高，进而能支付更高的房租。假设在 4 年低利率时期房租确实涨了 20%，此时房主每年的房租净收益就是 1.2 万美元：贷款成本为 5% 就表示此时房子的市值是 24

万美元。房屋所有人仍然处于负资产净值的状态，因为现在两栋房屋价值 48 万美元，还是远远低于 56 万美元的贷款。如果要使房主不落入负资产净值的境地，房租就要在贷款成本回升到 5% 之前增长 40%。

房租如何在 4 年内增长 40% 呢？答案就是人们的收入也增长相同的比例。人们有多种多样的收入来源，比如工资、分红、资本资产的利息和租金收入以及政府福利。一般大部分的主要收入途径就是工资，因此如果人们的工资增长一定幅度，房租就可以随之增长同样幅度。如果工资增长的速度跟不上资本资产的涨幅，那么房屋所有人就可能在贷款成本上升时陷入负资本资产的境地（假设政府福利一直不变）。

房屋的价值取决于租金收入（随人们收入的变化而变化）及房主从银行贷款的利率。即使房主买房时没有任何贷款或者贷款支付的利息是固定的，房屋的市值也会受现在的贷款成本及市场上租金高低的影响。

当然，如果房主没有锁定抵押贷款的支付利息并且现在面临利率增加的风险，他的负资产净值状况会由于更高的利息支付而雪上加霜。作为回应他可能因此减少开支，努力攒更多钱用于偿还债务。如果越来越多的房主减少开支，这反过来会减少商业收入，收入减少的公司面对销售下滑的局面可能会进行裁员。银行那时可能不想再借贷并且在央行之外独立提高贷款利率。如果贷款成本上升到 5.5%，房产的价值就会变成 43.6 万美元。曾经无比精明的房主现在开始感受到压力，特别是他的老板此时又告诉他公司近期针对他的工作岗位可能有一轮裁员，并且他房子的租客此时也失业只能搬到租金更便宜的房子里去。房子找不到新的租客，房主只能把它放到市场上出售，这一现实正在许多经济体中上演。突然之间，原本由央行推动，4 年之内带来更多就业和 20% 工资涨幅的经济繁荣在突然之间就崩溃了。

央行为什么在明知道工资滞后于资本资产价格的涨幅，房产价值因此十分脆弱的情况下还要提高利率呢？央行以为即使它们提高短期利率数个百分点，长期无风险利率也不会相应提高这么多，因为投资者把长期利率看作是经济长期运行状况的主要参考。比如现在的基准利率降到 0 左右，十年期政府债券收益是 3%，那么 3% 就是投资者认为基准利率在将来会达到的水准。因此长期政府债券的收益会相对保持不变，即使央行会将其基准利率提高数个百分点朝 3% 的水平看齐。而且央行认为低失业率会促使商业银行和投资者降低他们贷款给私人融资者时要求的利息，这样即使基准利率上调，市场上长期贷款成本也不会同样上涨那么多。央行同时期望在经济活动更强的情况下公司收入增长的比例会更高。结果股市投资者信心就会更加充足，债权人在贷款给别人时要求的风险溢价也会下降。央行因此相信在理论上它们能够提高短期利率，而不会对资产价格造成负面影响。但在现实中，这些偶然的条件不可能全都同时发生。

由更高贷款成本导致的资产价格修正并不一定总会激起严重的通缩螺旋，导致需求降低、价格下降和资产抛售的恶性循环。决定经济衰退严重程度的是房屋所有人和商业的债务负担有多重。债务负担越重，当贷款成本上升时额外的利息负担就越重，房屋所有人和商业人士就会减少更多开支，这个恶性循环会一直在经济中螺旋循环下去。除此之外，债务水平越高，房屋所有人在房价下跌时在负资产净值的旋涡中就陷得越深。负资产净值造成的心理负担会让房主削减开支，即使此时他们每月的抵押贷款利率是固定的，每月只要固定还款就可以了。

这一切都可以用杰克逊霍尔共识来解释。在先促进资产价格上涨进而促进经济整体增长这个过程里，势必要有一个缓冲期让资产价格对经济发挥作用。央行必须等到工资赶上资产价格的增幅，并且资产和消费者相关价格之间的均衡化得到充分实现。如果央行在实现更高工资之前就遏制资产价格，这注定会让它们之前通过低利率促进增长的措施失败。

然而就是在这个缓冲期内投资者会受到引诱去冒更大的风险，远远超过长期经济前景所能允许的程度。一方面他们看到投资房地产、股市和风险债券产生的高额收益；另一方面则是购买力损耗以及工资没有上涨空间的现实。颇为讽刺的是，资产价格和工资增长之间的分歧越大，在没有低利率政策时期保持资产价格，工资就会越快上涨。

因此央行就陷入进退维谷之中：它们可以心照不宣地放任泡沫越来越大，寄希望于工资会在关键时刻大幅增长。或者它们可以提高利率去抑制之前它们极力怂恿的投资者，但在这个过程中会暴露经济增长的脆弱基础，因此会有触发通缩式崩溃的风险，而这正是它们之前极力避免的。所以不论是哪条路，它们的低利率政策以及由此导致的通胀最终都会增加爆发通缩式崩溃的风险，这就是通胀悖论。

第十三章

投机 VS 实业

约翰·梅纳德·凯恩斯对华尔街一直持严厉批评态度。1929 年华尔街股市崩溃并且引发大萧条之后，凯恩斯评论道：“华尔街金融机构的主要职责是根据收益预期将直接投资引向最赚钱的渠道，这种成功不是自由资本主义的优点之一。”他哀叹道，投资市场更偏爱投机，根据猜测大众心理来投资，而不是视企业未来会产生多少收益来决定投资。他接着写道：“美国股市这种特征最为明显，都快成了全国人民的赌场了，在这里人们根据‘大众心理相信什么’作为赌博的依据。”

所有人都在轻蔑地谈论投资市场，很少有人注意到在通胀目标时代，新兴直接投资的重任已经从华尔街转到央行。由于央行可以虚张声势降低长期贷款利率，使得短期内回报丰厚的风险投资未来收益大幅减少，这就使投机与投资之间的界限变得模糊不清。游戏规则已经从猜测大众心理转变成猜测央行的举动，依照它们设定的实际负利率而做出相应举动。大众意见现在已经逐渐走向央行所引导的方向，由于人们担忧货币购买力会出现更大幅度下降，这就给央行可乘之机，可以牢牢掌控市场心理。

贷款能够让企业弥补资金不足、无法生产与获得收益之间的差距。在没有借贷渠道时，只有资本充足的人才有能力进行生产，但生产力取决于他拥有的资金。贷款让所有企业家都能公平借贷，同时也能促进更多投资，结果就是生产更多的商品，人们收入增多。同样，这也会促进人们消费增多，创造更多需求。这反过来会促进就业，进一步刺激需求增加，生产更多产品。贷款就是实现这一良性循环的催化剂，能够促进生产、消费，允许更高水平的经济产出及工资水平。央行存在的目的就是为了保证贷款能够及时有效地投放到企业手中，这也是央行作为最后贷款人成立的初衷。

关于贷款应该维持在什么水平的问题，美国联邦储备委员会在 1923 年的年度报告中给出了导向：“信贷规模与全国综合生产力提高的幅度应该一致。”只要能够让我们用同样资源生产更多产品，贷款就是有利可图的。随后发生的事情只不过是常识。如果我们借贷去承担或扩大生产，会涉及到许多工具、技术及人力，我们至少要确保生产的收入等于我们在贷款结束后偿付本息及各种生产成本的开支，否则贷款就会转变成债务，给人带来沉重的负担和压力。使贷款从伟大的催化剂变成令人不堪重负的债务的关键就在于贷款本身的资助属性。当投资无法产生足够价值时，贷款就会变成债务，这些债务最后只能当作坏账勾销或者通过通胀抵销。事前风险评估做得越好，投资就会越稳固，借出去的钱也就越可能最后收回来。

央行事前通过公开市场操作以及实际负利率向市场提供大量流动性，迫使商业银行和投资者承担风险。这样做央行就参与到风险评估中，因为其哄骗投资者和商业银行冒更大风险赚取相同的回报，秉持的信念就是更多的集体活动会大大增加贷款人最后还钱的概率。

比如现在有一所房子价值 100 美元，由于就业增多及总人口增加，你预测房子将在 10 年后升值到 130 美元。因此你今天花 100 美元买下房子希望 10 年后能升到 130 美元。现在你只有 40 美元储蓄，所以你要拿房子向银行抵押，借为期 10 年总额 60 美元的贷款（按 5% 的利息算总利息为 30 美元）。这样即使你出现债务违约，银行也可以通过贱卖你的房产拿回全部本息。贷款人已经充分考虑过承担的风险，将最坏的情况也考虑在内做出贷款决定。

现在我们假设债权人手中有大量现金，此时市场的贷款利率下降到3%，即使他有100美元，他现在也只能从60美元中挣到18美元的利息。所以通过房产抵押借出100美元，为期10年利息为30美元。但仅仅因为债权人准备放出更多贷款赚与原来相同的利润，这本质上不一定会让人们主动贷款。当然可能会发生，因为信贷以及商业活动增多，但并不一定会发生。与此同时，债权人被迫进行风险更大的，取决于集体心理的风险投资。由于央行虚张声势的把戏，一开始在商业活动中经过权衡的风险项目现在开始变成投机。

虚张声势的把戏只有在事前才能发生作用。事实上每个商业活动在没有获得回报之前在一定程度上都属于投机。所有的企业家都要跳过信任这道门槛儿，相信他们最终会取得成功。只有事情结束之后一个人才能够决定这是否是一项好的投资。然而通过实际负利率和制造大量流动性，央行改变了原来仔细评估商业风险的模式，投资变成一场赌博，依据就是大众想要一个繁荣发展的经济。因此，当冒险没有带来回报，贷款转变成债务，这不是投资者投资失误的结果，而是实际负利率没有起到应有的作用。

第十四章

20 世纪 90 年代美联储再通胀药方

1990 年春天，电影《风月俏佳人》正式上映，在电影中由理查·基尔扮演的商业大亨爱德华·里维斯一边忙于与茱莉亚·罗伯茨调情，另一边将大部分精力都用于激进的商业资本活动。现实中，这种商业资本活动让美国企业的资产负债表处于一种微妙境地之中。1987—1988 年美国商业利润大幅上涨，公司之间的合并、收购和股权回购实际上是在用债务置换股份。高负债让公司非常脆弱，因为经济形势下滑时公司收入就会下降，而该支付的债务却不会减少，如果债权人在日益恶化的经济环境下重新评估借贷风险，还会提高利率。随着失业率从 1985 年 7% 降到 1989 年 5%，美国家庭的债务负担也急剧加重，要支付他们每年可支配收入的 80% 才能付清债务。

因此当衰退在 1990 年夏天爆发时，美联储快速施救，此时通胀相对于经济衰退来说危险性大大减少。央行大幅降低利率，是 20 世纪 60 年代以来的最低水平。联邦基金利率从 1989 年 9.75% 降到 1992 年 9 月 3% 的水平，这段时间内失业率回升到 7.5%。十年期国库券的收益从 1990 年 9% 的高位降到 1993 年不足 5% 的水平。消费价格涨幅彼时降到 3%，随后 20 世纪 90 年代中期滑落到 2%。

降息有效促进了经济复苏，如教科书上讲得一样精准。那几年美国年均经济增长率超过 7%，随后美联储在 1994 年开始加息。劳动力就业人数也达到了 1948 年有记录以来的最高水平：失业率下滑到 6% 并且此后继续下降，在 20 世纪末的时候已经降到 4%。经济复苏影响最大的是资产价格没有脱离物价整体涨幅独自上涨。其价格上涨是由经济增长带动，而不是受低利率政策的影响。如果你 1989 年在标普 500 指数或房地产市场投资 100 美元，到 1994 年年末将会分别变成 130 美元和 105 美元，同时劳动力收入也从 100 美元涨到 128 美元。

到 20 世纪 90 年代中期，失业率和通胀双双下降，1990—1991 年曾成功让美国经济摆脱衰退的阿兰·格林斯潘让市场为之着迷。当经济增长放缓，美联储在 1995 年年中重新开始下调利率，将联邦基金利率从 6% 降到 1996 年的 5.25%。然而十年期美国国库券收益下降释放的流动性远比下调 75% 短期利率释放得多。在 1995 年十年期国库券的收益下降到 2%。

这时，相对于经济总体规模来说债务增速并不算快。经过20世纪80年代的并购热潮之后，商业公司此时也十分清醒。美国家庭由于对未来就业预期比较乐观此时也比较懈怠，但债务增长总体来说不值得担忧。长期无风险收益率大幅下滑在股市激起了巨大反响：标普500指数到1995年上涨34%，然后在整个1996年，投资者都在抛售美国国债购买股票，事实上也就降低了他们要求的风险溢价。

那一年股市继续上涨了20%，随后格林斯潘在1996年12月发表了著名的演讲，在演讲中他问道："我们如何判断资产价值的快速上升是由非理性繁荣造成的呢？"这番讲话好像在引导市场自我反省。

"我们作为中央银行家，"他继续说，"需要考虑崩溃的金融资产泡沫是否会对实体经济，包括生产、就业和价格稳定造成伤害。事实上，1987年股市的快速下跌对经济的负面影响比较小。但我们不应该低估资产市场与经济互动的复杂性，也不能对现状泰然处之。因此，资产负债表估值的变化，尤其是资产价格必须成为货币政策变化的一部分。"

虽然资本市场一开始对格林斯潘"非理性繁荣"的说法做出反应，但最后他们确信美联储会对资产价格做出反应，这是货币政策的完整一部分。所以股票市场继续繁荣上升。

1997 年春天，美联储将联邦基金利率提高了 1/4 个百分点，达到 5.5%，随后发生的亚洲金融危机阻止了利率进一步上调。一开始被高收益率吸引到亚洲国家的热钱快速流回美国，因为此时美国无风险国债收益率更高更安全。当亚洲各国的楼市和金融市场危机相继爆发，投资者为了避险纷纷投资各种安全资产，因此在整个 1997 年美国长期国库券的收益都在持续下降。消费价格涨幅从 1996 年年末的 3.3% 降到 1997 年 12 月 1.7% 的水平，为长期债券收益率下降提供了另一个理由。美国经济那一年增长了 6%，标普 500 指数受经济增长数据强劲及长期国债收益率下降双重利好影响，大涨 31%。如果你 1989 年年底在标普 500 股市和房地产投资 100 美元，到 1997 年年底会分别升值到 275 美元和 114 美元，同期劳动力工资也涨到 152 美元。相对于工资涨幅，股市的巨额收入让人感到危机临近。

从 1998 年年初到 7 月中旬，标普 500 指数又上涨了 23%，从 1997 年开始的通胀下跌在那一年里一直没有缓解，通胀率在 1998 年夏天时已经下降到 1.6%。个人消费支出价格指数的年均变化已经降到 1%，这是央行最喜欢的用来衡量消费价格涨幅的数据。失业率现在下降到 4.5%，劳动就业人口占总人口的比例达到新高。消费价格涨幅与股市价格不再是美联储担心的问题，正如格林斯潘在他 1996 年的演讲中声称的，较低水平、持续可控的通货膨胀能减少不确定性，因而提高股票价值。但这没有考虑到另外一种情况，那就是通胀已经绕过实体经济，在股票市场开始发挥作用。

1998 年 8 月俄罗斯发生债务违约，由此导致 9—10 月国际金融市场出现剧烈波动，美国标普 500 指数从 7 月的高点大跌 21%，这个数字比年初时稍微低一点。所以当美联储组织救援美国长期资本管理公司时，它额外数次降低利率以达到再通胀的目标。随之而来的就是 1927—1929 年股市大崩溃之前现状的重演。用利奥尼尔 · 罗宾斯的话来形容就是：美联储当局在 1998 年 9—11 月将联邦基金利率从 5.5% 降到 4.75%，这种深思熟虑的再通胀手段导致了这次大波动以来最糟糕的时期。

如预期所料，低利率对股价产生巨大影响。从 1998 年 10 月到 1998 年年底，美国股市从一日内最低点大幅上涨 33%，与 1997 年年底相比升值 27%。直到 1998 年夏天，以科技公司为主的纳斯达克指数才赶上标普 500 指数的步伐。而在那一年最后一个季度，其再从一日内的最低点大幅上涨 62%，全年收益上涨 40%。

短期来看，这套虚张声势的把戏成功地促进了经济增长。

美国经济增长 8.1%，1998 年最后一个季度的真实回报是 6.7%，失业率下降到 4.4%。公司发行债券融资来回购自己公司的股票，再通胀药方的药效在 3 个月内得到验证。即使如此，美联储也没有提高利率，因为消费物价上涨全年只有 1.5%。这又一次复制了 1927—1928 年的情景，那时消费物价事实上平均每年下降 1.5%，而股市却更加狂热。在提高利率之前，美联储认为只要达到充分就业，消费物价上涨就会如教科书理论一般如期而至。

到 1999 年 5 月，标普 500 指数又上涨了 11%。消费物价最终开始上涨，以 2% 的年均幅度上涨，美联储也在当年 6 月开始上调利率，6 个月后联邦基金利率回到 5.5%。在那段时间内，标普 500 指数进一步上扬，全年收益几乎达到 20%。但受到狂热投资者主导的纳斯达克指数对一开始再通胀的影响已经无法抵御，在 1999 年最后 6 个月里其指数上涨 50%，全年收益率达到 86%。再通胀措施另一个更让人担心的问题就是公司继续大规模举债：到 1999 年年底，相对于经济规模的公司债务已经超过 20 世纪 80 年代末的水平。

到 2000 年早期，失业率进一步下降到 4%，消费价格最终开始上涨，以 2.7% 的年均增速增长。美联储对自己的工作十分满意，不仅因为让经济再度通胀，而且因为人口达到最大就业，这对维持价格稳定十分有好处。所以此时央行打算停手，从 2000 年 1 月到 5 月，美联储将联邦基金利率提高 1%，达到 6.5%。但这却有一个问题，我们 1989 年年底在标普 500 和房地产市场投资的 100 美元此时已经分别变成 416 美元和 130 美元，而劳动力收入只从 100 美元涨到 175 美元。股市增长远超工资增速；在没有低利率的情况下，再通胀措施没有促进经济持续增长来支撑股票市场。

在整个 1999 年里十年期美国国债的收益上升了近 2%，并且从 2000 年开始继续上升，但股票市场却开始出现波动。投资者只有相信人们的工资收入能跟上经济增速才会有信心，但现在投资者对此很怀疑。然而当预期到美联储将会继续再通胀导致美国国债收益下降时，投资者的情绪得到安抚：2000 年夏天时，股市从 5 月的低点大幅上扬 12%。

即使如此，事情也不全是按照想象的样子发展。高利率暴露了股票市场不是受经济增长推动，而是由美联储操控贴现率实现的。考虑到 20 世纪 90 年代科技进步的影响，纳斯达克成为当时受影响最大的资产类别。到 2000 年秋天，股市开始出现下跌。在接下来两年里，标普 500 指数下降了 50%，而纳斯达克 75% 的市值蒸发了。假装未来收入会提升的把戏被戳穿了。

第十五章

阴魂不散的再通胀

当股市在 2000 年暴跌时，美联储担心资产价值崩溃及公司日益恶化的资产负债表会让贷款人不愿放贷，借款人不想借钱，进而导致经济进入通缩式收缩。因此在 2001 年年初美联储再次开始再通缩，将联邦基金利率从年初的 6.5% 降到夏天时的 3.5%，当年晚些时候发生“9・11”恐怖袭击之后利率进一步下降，到年底时联邦基金利率已经降到 1.75%。投资者暂时得到安慰，但由于他们在最近一段时间备受打击，所以投资者不愿降低他们投资股票市场时要求的风险溢价。由于公司收益连续两年下滑，股价在 2002 年年初开始下降。

与此同时实体经济不断传来令人失望的消息。2001 年和 2002 年美国的经济增长率都不高，而且失业率上升到 2%。2002 年夏天爆出的数家大型公司涉及欺诈及金融违法的消息进一步打击了投资者的投资信心。就在股市市值只有两年前的一半时，投资者以为股市已经触底后，美国领导的多国联军入侵伊拉克让现状雪上加霜。股价继续下跌，联邦基金利率在 2002 年 11 月降到 1.25%，随后在 2003 年 6 月又降到 1%。这些数据的大幅下降最后坚定了投资者的信心，股市在 2003 年 3 月再次开始上涨。

市场参与者的目光都聚焦在股市中，但一些更具有戏剧性的事情正在悄然发生。直到 1997 年房价上涨一直比较疲软，远远落后于经济增速以及股票市场的增幅。美国家庭已经背负大量债务，央行没有调低房屋抵押贷款利率来缓解美国家庭的债务负担。人们还没有忘记 20 世纪 90 年代初房价下跌的惨痛记忆，所以房价一直萎靡不振。当这些记忆逐渐淡去后，房价涨幅开始跟上经济增速。全美房价在 20 世纪 90 年代中期经济腾飞时年均涨幅为 2% 左右，而现在从 1997—1999 年这 3 年间房价涨幅接近 6%。

当美联储在 2001 年重新进行再通胀以恢复被股市崩溃严重打击的经济时，就需要一个合适的渠道来实现。此时公司纷纷削减开支，而投资者十分警惕央行虚张声势的把戏，不愿降低他们要求的风险溢价，所以近期没有遭受损失的房地产市场看起来是一个不错的选择。当十年期美国国库券的收益从 2000 年 1 月时的 7% 降到 2003 年 6 月时的 3%，长期贷款利率（30 年固定抵押贷款利率）也随之从 8% 降到 5%。这对房价以及家庭债务的影响十分巨大。贷款成本下降也取得预期效果，房价在 2000—2003 年这 3 年内涨幅达到 40%。在大城市这个数字更为可观，同期全美前 10 大城市涨幅达 62%。

美国房价上涨是由美联储精心策划的再通胀计划的一部分，是对崩溃的股票市场的一次重要反击，股市崩溃让美国家庭持有的金融资产的价值在 2000—2002 年缩水 2.4 万亿美元。美联储通过降低贷款成本刺激房价上涨是其计划的一部分，用来弥补股市崩溃时遭受损失的家庭，而且这部分财富还可以转化成消费促进经济增长。正如格林斯潘 2005 年在国会听证会上所言："住房市场和房产金融领域的发展不仅带来繁荣而且会让财富货币化。"美国家庭在这次再通胀中获得的远超其损失，相对于股市下降时蒸发的 2.4 万亿美元，房地产市场的价值在 2000—2002 年达到 4.5 万亿美元。财富的增长让美国家庭不必节制现在的消费，所以会更加乐意增加产品服务消费。

房地产繁荣也意味着生产、就业和工资的增加，失业率达到 6% 后就没有进一步上升，看起来央行的行为生效了。而且由于消费价格涨幅一直低于 2%，这样看起来也没有过度投机的活动。央行成功地控制了金融市场的另一次波动而没有对实体经济造成持续伤害。此时的央行比以往任何时候更有信心控制任何突发状况和混乱。

在其 1987 年的年度报告中，美联储对家庭债务增长超过可支配收入增长造成的金融脆弱十分烦恼。那时，美国家庭的债务已经达到年均可支配收入的 80%。到 2004 年年底，它已经达到家庭税后所得的 120%。相比于 1987 年的年度报告，格林斯潘 2005 年国会听证会时不再关注金融脆弱性，而是将目光聚焦到家庭净收益的增长，即家庭持有的金融及非金融资产减去负债。他指出债务的增长是与财富增长同步的，除此之外，家庭债务主要是有房屋作为抵押的房贷。格林斯潘强调，家庭净收益是可支配收入的 5 倍半。

虽然家庭净收益能带来财富，但这也要视这些资产抵御风险的能力而言。美联储本来应该注意到家庭负债占可支配收入的比重是衡量家庭对高利率抵抗力的标准。但与之相反，格林斯潘强调的是由于低贷款成本和收入增长使家庭偿债能力大大提高。看起来好像美联储一切尽在掌握之中。美国家庭偿债开支占可支配收入的比重从 20 世纪 90 年代中期就开始稳步提高，到 2001 年时达到 12.5%。然而，由于劳动力收入增长以及贷款成本下降，这一比例到 2014 年年中略有下降，降到 12%。

然而虽然收入在增长，但增长的速度却远不及房价上涨的速度。2000—2003 年，劳动力收入和居民可支配收入分别上涨 19% 和 23%，而同期全美房价上涨 40%。工资赶不上房价上涨的速度，唯一可以避免房价崩溃的方法就是让长期国债收益率保持比较低的水平。如果它们确实提高了，那么借款人就会陷入央行未来收入会增加的虚张声势中，降低他们要求的额外收益，继续按以前比较低的利率放贷。

一直到 2004 年年中，美国经济都在繁荣发展，年均经济增速超过 6%，失业率下降到 6% 以内，美联储的统计数据表明，此时消费价格涨幅超过 2.8%。经济已经再次通胀，美联储再一次对自己政策的效果感到十分满意，开始提高联邦基金利率。这个提升过程十分缓慢，确保每个人都知道未来增长的速度以及能够确定。考虑到工资要赶上房价，所以就要让债权人对未来有信心。

2004 年下半年，美联储将联邦基金利率从 1% 的低点提高到 2005 年 2 月时的 2.5%。让美联储困惑不解的是，同时期十年期美国国债的收益出现下降。由于十年期美国国债收益可以被视为未来连续短期利率的平均值，它本来应该跟联邦基金利率的上涨行情一样上涨的。所以长期国债利率相对于上升的短期利率出现下降十分不寻常，因为这意味着投资者预计短期利率会进一步下降，与美联储提高联邦基金利率传递给人们的印象截然相反。

格林斯潘在2005年2月国会听证会上也表达了他对投资者这种反常行为的惊讶，称这种情况为“难题”。一种解释是全球大量储蓄资金流入美国，增加了对美国长期国债的需求。然而格林斯潘对各种解释都不太赞同，他声称公债利息只是短暂失常而已。

如果格林斯潘担心降低的长期利率会进一步给房地产市场升温——他一开始提高利率是想起到相反效果——那么公开声称这是一个难题也起到了预想的效果。结果就是债券市场出现小规模的抛售，让长期国债利率开始回升，这种回升趋势只是暂时的。从2004年6月到2006年6月，美联储将联邦基金利率提高到4.25%，十年期国债收益和30年固定房屋抵押贷款利率只上涨了1.5%。

市场知道美联储的再通胀药方增加了债务负担，在工资增长无法实现的情况下，资产价格只能依靠低利率来支持。十年期国债收益挣扎上升，因为投资者相信这种沉重的债务负担以及落后的劳动力工资意味着美联储不能随意将利率调高，一旦利率超过一定水平，很快就会降下来。事情进一步的发展证明债券市场投资者的猜想是正确的。股市之所以越来越高和借贷市场上成本降低的原因就在于投资者预期无风险利率会在未来长时间内保持较低水平。

格林斯潘的“难题”评论十分虚伪，美联储心里十分清楚没有相应的工资增长为基础，房价只能依靠较低的长期利率支撑。美联储缓慢提高利率的速度证明了这一点，这给工资赶上房价提供了时间，并且让投资者相信美联储不会做任何刺激市场的行为。

事实上根本没有任何难题。在每一轮利率上调的过程中，假设通胀都得到控制，人们都会期待短期利率及十年期国债收益能够在中长期内保持稳定。美联储能否提高利率受资产价格的影响，并且短期利率和长期利率都会向更低的利率靠拢。只是短期利率是从向上靠拢这个最终利率，而长期利率是从上向下运行的。如果美联储的信念正好反过来，它可能会加速利率上调的速度，更频繁地上调短期利率，宣扬自己的意图，保证这些利率不会出现变化。十年期国债利率会如 2006 年最终发生的那样上涨，彼时联邦基金利率移动到 5.25%。

现实生活中，在等待工资赶上资产价格和债务水平时，美联储需要长期较低的国债利率来说服债权人和投资者不要求太高的风险溢价。如果长期利率上涨过多，泡沫破灭就会很快出现，美联储就不得不再一次开始其再通胀的把戏。

2004—2005 年等待工资上涨这段时间内，利率开始缓慢上调，这一段时间也是市场盲目乐观情绪最为浓重的时期。这段时间内全美房价上涨 29%，从 21 世纪之初长期贷款成本开始下降算起累计已经上涨 81%，2004 年和 2005 年全美 10 大城市的房价已经累计上涨 38%。居民净财富上涨到几乎是可支配收入 6.5 倍的水平，而居民债务是可支配收入的 130%。核心消费者价格指数维持在 2% 左右。美联储不明白为何这些巨额财富收益没有促进总需求和工资双双上涨。

美联储本来希望低利率激发的房地产繁荣能够成为持续增长的引擎，但现在却演变成一场泡沫。然而这场泡沫可以得到控制，即使代价是经济减速而不是一场更大规模、影响更为显著的泡沫破裂。在 2004 年和 2005 年消费物价上涨了 3%，美联储有机会以更快的速度大幅上调利率。从根本上来说美联储面临两个选择，第一个是让房地产市场继续自由发展，寄希望于其自身能够自行降温，等待工资和租金赶上房价。即使此时利率变高，或者它可以提高利率遏制市场狂热情绪，但在这个过程中会暴露高负债的脆弱性以及工资上涨缺乏动力的事实。第一个选择看起来不错，不仅是因为这表明了一个积极的结果，而且如果这不奏效的话，美联储可以再一次进行再通胀干预。

第二个是最终高利率以及上涨的借贷成本加速了泡沫破裂。直接起因是次级贷款债务人延迟付款，出现债务违约问题，其中 2/3 的债务人都选择了浮动利率抵押贷款。当利率上升时就会出现逾期付款问题，导致投资者借贷时要求的额外收益急剧上升。上升的借贷成本加上经济不景气导致工资和房租都停滞不前，这一切都表明房地产繁荣的终结。随着资产价值下跌，家庭面临巨额债务，迫使他们节衣缩食，削减开支。这反过来又会让经济减速，而且此时所有由抵押贷款发生的债务都让人望而却步。当逾期付款和债务违约上升时，银行也会遭受重大损失甚至是破产。由于债权人之间的不信任加剧，金融恐慌会急剧蔓延。下降的资产价格会导致通缩式下滑，需求也会下降，价格会一路走低。但美联储手中拥有弹性货币和低利率再通胀两张牌可以使用。

第十六章

英国房价问题

政府设立一个通胀目标，英格兰银行作为独立的运行主体确保这个目标的实现，这一套机制行之有效，以至于到了 20 世纪 90 年代后期，相比于价格上涨，通缩成为更加迫在眉睫的任务。然而不幸的是，之前 20 年都无法有效控制的消费价格无法完全得到控制，总会在其他领域显现苗头，消费价格表面上控制得越好，房价及居民债务就上涨得越厉害。1997 年，英格兰银行获得自主决定利率的权力，此后 4 年英格兰及威尔士的房屋财富翻了 3 倍，而同期收入只增长了一半，远不及房价增幅。

1997 年，英格兰银行重新赢得独立运营权时从政府手中继承的是一个繁荣稳定的经济体。那时经济平均每年增长 5%，失业率也大幅下降，从 20 世纪 90 年代早期衰退时的峰值下降了 4 个百分点。股市在 1995 年和 1996 年大幅上扬，只是幅度没有美国股市那么大。同时房价也从 20 世纪 90 年代早期的下降中恢复过来，趋于稳定。

虽然消费产品和服务价格涨幅只有 1.7%，但服务业似乎有一些过热倾向。整体经济数据掩盖了事实，那就是服务业实际价格涨幅达到 4%。由于 50% 的家庭开支消费在服务业上，这一点不容忽视。而且上涨速度较为缓慢的产品价格主要是因为科技进步让生产成本下降，也表明生产出来的产品比以前更为便宜。因此服务的价格就成为衡量经济发展中通胀倾向的有效工具。

急于想证明自己对付通胀问题经验老到的英格兰银行也注意到了这一点。当美联储在 1997 年早期将联邦基金利率只是微调上升了 0.25 个百分点达到 5.5% 时，那一整年英格兰银行都在上调基准利率，到 1998 年夏天时基准利率已经达到 7.5%。虽然利率大幅上调，但经济运行仍比较健康，1998 年上半年经济增长了近 7%。

1998 年秋天发生金融动荡时，商业银行在市场动荡不安时纷纷抽回贷款，这让英格兰银行担心会出现信贷紧缩。富时全股指数在 8—9 月下降了超过 15 个百分点，央行担心股市财富的蒸发会紧缩消费者支出。因此虽然英国经济相对于美国没有太大问题，英格兰银行还是决定救助金融市场。英格兰银行随后决定“追随美国的信贷宽松政策，降低英国利率将会帮助减轻金融市场的混乱”。这一切又像回到了 1929 年，当时英国正处于经济不景气的状态却追随美联储提高利率。这一次英格兰银行又追随美联储降低利率，而英国经济发展基础此时十分坚固。

当美联储将联邦基金利率下调了 0.75% 时，英格兰银行在 1999 年夏天将银行利率下调了 2.5%。跟美国一样，利率下调对金融市场和实体经济的影响迅速而显著。经济在 1998 年最后 3 个月以 9.5% 的年增长率飙升，跟美国的状况大体相同。年底时富时全股指数已经收复了 8—9 月失守的指数。企业借贷（私人非金融公司）达到新高，以 1998 年两倍的速度激增。英格兰银行此前担心疲软的世界经济会导致信贷危机及股市崩溃，现在这种担忧得到缓解。但即使如此，英格兰银行还是有些担心，所以在 1999 年上半年其继续降低银行利率。

1999 年股市上涨了 21 个百分点。英格兰及威尔士的房价上涨 12%，伦敦地区更是上涨了 22%。同期家庭债务上涨 9% 而收入只增长了 4%，企业借贷的增速是经济增速的 3 倍。虽然有这些数据做参考，英格兰银行还是主要依靠消费价格上涨作为主要依据，那一年消费价格涨幅下降到 1%。

然而又一次服务业的通胀率是 3.5%，远高于包括产品和服务在内整体消费价格涨幅 2% 的预定目标。然而这个问题在

1997 年可能令人比较担心，但现在却被有意忽略。同样被忽略的还有另一个问题，虽然央行担心金融市场的损失会影响贷款和消费，但却没有想过为什么巨额房产财富和借贷没有促进总需求和通胀增加。或者说它们可能体现在消费服务价格上涨中了，但在消费产品价格上涨中被忽略了。直到 1999 年年末，美联储提高利率几个月之后，英格兰银行开始提高利率，到 2000 年年初利率从 5% 提高到 6%。

到 2000 年时，英国股市跟美国一样都因为利率提高而出现波动。两国资产价格都大幅上涨但收入涨幅没有跟上资产价格涨幅，不足以支撑其价格。虽然如此，经济表现仍相对较好，在年底时增速略有下降，但全年仍增长超过 6%，英格兰及威尔士的房价上涨 10%。此时股市却是另一番景象，美国股市的崩溃也连累了英国股市，富时指数一路下跌。因此英格兰银行在 2001 年跟随美联储的脚步降低利率作为应对措施，年底时银行利率已经从 6% 降到 4%。当熊市威胁到消费和信贷时，英格兰银行追随了美联储再通胀资产价格的手段。

然而英国消费者展现出了跟美国人完全不同的思维反应，他们很快从股市崩溃中恢复过来。或者正如凯恩斯对同胞的评价，这是因为相对于美国人为了资本升值而投资，英国人主要是为了收入而投资。在 2001 年 8 月的会议上，英格兰银行也这样认为并表示“零售业数据及家庭部门贷款都十分坚挺，消费者信心也很强，房地产市场也很繁荣”。但即使如此，英格兰银行还是继续降息，跟随美联储在“9·11”恐怖袭击事件后降息安抚市场的举措。

到 2002 年，虽然股市受到美国公司欺诈丑闻的影响，但英国的房地产市场不管从哪个角度来说都十分繁荣。消费本来就十分强劲，再加上利率下降的影响，促使经济螺旋上升。抵押利率接下来两年里下降了 2%，激励人们借更多钱去炒房子。结果就是英格兰及威尔士的房价上升了 24%，居民借贷上涨了 13%。消费服务价格在 2002 年上涨了近 5%，但由于综合的消费产品和服务价格只上涨了 1%，到 2003 年年中英格兰银行将利率进一步下降到 3.5%。

在 2003 年和 2004 年，经济以年均近 6% 的速度增长，失业率降到 20 年来的新低，劳动力收入每年上涨 5.5%。受家庭借贷增加的影响，英格兰及威尔士的房价累计另外上涨了 29%。

英格兰银行的这一系列举措跟美联储刺激美国经济的手法如出一辙。一开始，央行想通过下调利率来促进资本资产的再通胀，进而解决经济衰退问题。资本资产没有受最近一系列波动的影响，因而投资者更愿意接受。但那时资产价格飙升并没有促进产品与服务需求的增长，导致工资收入一直停滞不前。而且这种资产财富都是由债务资助并且被债务货币化，就像房子一样，最终增加了债务负担。既然这些资本资产的收入依赖于工资决定的购买力，资本资产价格和整个债务只能靠低利率来维持。

在英国，服务业的价格涨幅几乎是政府规定数字的两倍，无风险政府债券的利息越来越不够弥补损失。每年 4% 的通胀速度意味着 18 年后货币的购买力就会下降一半。英格兰银行庆幸自己稳固了 2% 的通胀预期目标，但却忽略了公众正在蜂拥投资资本资产以弥补高通胀的损失。

无法实现资本及消费物价上涨之间的均衡化，低息贷款很快大幅拉升资产价格，并且只有继续维持低利率才能保证资产价格不出现暴涨暴跌。如果你 1997 年年底投资 100 英镑在英格兰及威尔士的房地产市场，那么到 2004 年年底会升值到 233 英镑，100 英镑的家庭可支配收入会上涨到 139 英镑，家庭债务是家庭可支配收入的 140%。这种由低利率导致的局面只有持续不断地维持低利率才可以继续下去，房屋抵押市场的抵押品也主要受银行利率的影响。如果一开始抵押利率是固定的，那么两年之后也会变成浮动利率抵押贷款。将抵押贷款利率与短期银行利息而不是长期利息挂钩，使背负债务的消费者的支出更容易受到银行的摆布。如果说能够操控利率的银行对高额债务导致的金融脆弱性不太在意的话，部分是由于它已经把负债者的弱点捏在手中。

从 2003 年 11 月开始，英格兰银行开始提高银行利率，到 2004 年 8 月，银行利率从 3.5% 升到 4.75%。一年后利率会微调到 4.5%，随后这一利率一直保持到 2006 年 7 月，同时抵押贷款利率也基本上保持不变。2005 年和 2006 年房价涨幅下降到 5% 左右，基本上与经济增速和收入增长速度持平。即使如此，1997 年年底在房地产市场投资 100 英镑，在 2006 年年底时也升值到了 256 英镑，100 英镑的收入在同期只上涨到 151 英镑。更高的起点意味着即使增速持平，房价和收入之间的差距也在增大。这种差距可以通过债务来弥补，所以到 2006 年年底，居民负债达到家庭年可支配收入的 150%。与此同时，商业公司刚整理好自己的资产负债表，就像其美国同行在股市崩溃之后的做法一样，开始大举借债，增速是经济增速的两倍。

2006 年 8 月，央行再次提高利率，一直到 2007 年 7 月利率从 4.5% 升到 5.75%。抵押贷款利率也随之开始上涨，两年期固定利率上涨了近 1%，拥有房屋贷款的家庭现在发现他们的财富在迅速蒸发。这跟普通的利率上调周期不同，高利率很快暴露了经济的脆弱性，导致经济开始崩溃。负债的家庭和公司对借贷成本上升非常敏感，资产价格也是如此。银行系统和投资者也非常敏感，因为投资者购买债券产品实际上也就是把钱借给家庭和公司去抵押这些资产。这些资产价格出现下降或者债务人的任何不当举措都会让投资者受到伤害。当预期这种风险加大时，债权人无疑就会要求比政府债券收益更高的风险溢价作为弥补。抵押及信贷融资也会变得更加困难，这个结果会自我延续，发展下去。为了处理这种局面，英格兰银行下调了银行利率，从 2007 年 11 月时的 5.75% 降到 2008 年 4 月时的 5%。

虽然发生了这些波动，2007 年经济表现还是很不错，经济增速 5.5%，房价上涨 6%。1997 年投资于英国房地产的 100 英镑现在升值为 272 英镑，家庭收入则变为 159 英镑。居民债务增长稳定，公司借债继续增长。然而到了 2008 年春天，亏损的银行和金融业开始出现信贷紧缩，引发了经济衰退，这一局面到了秋天更加恶化。房价和股市现在急剧下跌，贷款成本上升，债务违约增多。英格兰及威尔士的房价下跌 14%，使得 1997 年时 100 英镑的投资到 2008 年年底只剩 233 英镑，收入则上升到 164 英镑。这次危机中唯一的亮点就是 10 年来房价和收入之间的鸿沟第一次开始缩小。

在2008年10月到2009年3月，英格兰银行把银行利率从5%一路降到0.5%，家庭和公司被迫开始偿还债务。为了弥补家庭的损失，政府开始借债增加流动性，虽然这主要是为了救助银行业。到春天时股市开始回暖，当抵押利率随着银行利率下降而一路狂跌时，房价在2009年年中停止下跌，并且到年底都一直保持稳定。作为利率调控者，英格兰银行确实掌控着所有负债者的命脉。

第十七章

后危机时代的角力

20世纪90年代后期及2000年年初，利率促使债务激增，房地产市场和股市飙升，这一点被当时处于亢奋状态的大众美化和忽略了。然而危机本身及后危机时代局势的演变却证明谁才是真正的罪魁祸首。每次银行基准利率下降，投资者和贷款人就会条件反射般地降低他们风险投资时要求的额外补偿收益，央行对此心知肚明并且已经习惯于使用利率杠杆来控制资产价格和管理经济运行。危机发生之后，很显然投资者和贷款人不想再一次陷入虚张声势的把戏中。这使央行曾经无往而不利的降息手段失效。当央行努力诱导投资者购买风险资产时，它们越来越强势地调控长期无风险利率，制造通货膨胀，这一切都表明央行一直在玩弄虚张声势的老把戏，只是现在手段更加精妙，更加容易让轻信的投资者上钩。

央行对居民负债水平并不感到担心，相反它们很高兴看到家庭净收益是收入的数倍。这是因为它们很自信能够通过利率杠杆调控债务人的债务偿付能力及影响投资者的心理。当贷款人提高他们要求的风险溢价时，央行认为它们可以通过降低无风险利率进行补偿。它们没有想到的是一小部分债务人抵押贷款违约率上升将会暴露收入对资产价格的重要影响。

这自始至终都是央行的致命弱点。不管央行能够通过降低现值贴现率让人们现在拿到多少钱，如果未来这笔收入泡汤的话那多低的贴现率都没有意义了。当投资者对抵押贷款证券和信用票据投资还心有余悸时，那些持有这些证券的银行却陷入一场流动性困境。未来这些债券能否变成优质资产已经不再重要，市场恐慌已经开始蔓延并且对这些资产的价值感到怀疑，这让投资者和借贷人非常紧张。诺森罗克银行因为难以获得必要融资而最终在 2008 年国有化，手中持有大量按揭证券的美国投行贝尔斯登被迫以远高于危机前的贴现率将手中的这些资产抛售给摩根大通公司。

房地产市场及家庭金融的发展事实上促使联邦基金利率下调传导到房地产市场繁荣及消费支出激增上。格林斯潘的乐观态度也是有原因的，这是因为此前假设就业及收入最终都会因而增加，增强债务人还款的能力。美联储没有想过抵押利率重新攀高会大幅增加偿债负担，导致比以前规模更大的债务违约，因为现实中相应的工资增长并没有实现。美联储更没有预见到这种情景的影响会进一步因为高债务水平而放大。可能即使美联储预见到了这种情况结局也不会改变，因为它对自己作为利率调控者所具有的能量过于自信。假设负债家庭无力偿付债务利息而即将出现大面积违约时，美联储就会快速降低利率去缓解他们的债务压力。事实上美联储也确实快速将联邦基金利率从 2007 年 9 月时的 5.25% 降到 2008 年 4 月时的 2%，下降幅度比其 2004—2006 年上调的幅度还大一点。

但投资者心中还是感到忧心忡忡，联邦基金利率下降无法像以前一样轻易缓解投资者心中的怀疑。越多投资人开始恐慌抛售资产，这些资产的价格就会下降越多。随着雷曼兄弟在 2008 年 9 月破产，违约风险进一步加剧，让投资人的避险情绪更浓。从 2008 年 5 月到 2009 年 3 月，标普 500 指数暴跌 50%，富时全股指数紧随其后。借贷人借给高风险融资人的风险溢价已经达到 1 年前的 3 倍。

面对这种局面，美联储继续降低利率，几乎达到 0，英格兰银行也把基准利率降到 0.5% 左右。同时两者都采用各种流动性供给项目援助金融机构，将金融机构手中流动性差的资产换成流动性好的政府国库券或者以仅比基准利率高一点的惩罚性利率提供现金支持。这些低流动性的资产有可能最终变得一钱不值，现在这种风险从金融机构手中转移到央行身上。但是央行只不过是政府的代理人，所以最终风险都转移到政府身上。

一旦基准利率降到 0，央行就开始通过大量购买金融资产释放更多流动性来执行货币宽松政策，以美联储为例，主要购买的是政府债券和抵押贷款证券。通过这种方式，央行用现金援助了银行业和投资者，希望他们能把钱花在风险投资中。到 2009 年年底，各种流动性供给项目、零利率及大规模资产购买开始生效，市场恐慌得到遏制。金融危机最为严重的时期已经过去，股市和高风险债券的价格恢复到之前水平。但由于抵押贷款仍然很少，房价继续下跌，Case–Shiller 房价指数在 2007—2011 年下跌超过 1/4。英国房价表现相对良好，但也处于下行压力中。

随后经济进入恢复期，家庭和公司开始减少债务，对经济波动和借贷人的应对能力也变强。央行在过去 10 年里诱骗家庭将未来的收入折现进行消费，但未来的收入并没有相应增长，这种促进经济增长的方式已经证明是不可持续的。现在应该通过削减开支及增加储蓄的方式减少债务。相对于信贷宽松时期较高的消费水平来说，现在的经济增长率自然会相应降低。

但美联储希望得到更多。它希望经济能重回高速增长，毕竟它已经让债务负担变轻，并且将利率降到0又通过大规模购买债券的方式提供资金支撑风险资产的价格。但经济为什么没有重新增长呢？美联储不愿接受这种现实，所以重新开始玩刺激资产价格的老把戏。虽然上一次玩这种把戏时没有促进收入的增长，但这已经是美联储促进经济增长唯一可用的办法了。美联储寄希望于资产价格的传导机制这一次能发挥作用。

2007—2009年金融危机最严重的时期一结束，美联储就开始想要把投资者赶回风险资产投资市场，希望随后的财富增长会促进家庭和企业借贷消费的意愿以及银行开始放贷。中央银行家们痴迷于经济增长速度，而我们实际需要的是一个稳定、可持续发展的健康经济体。

2010年下半年，美联储宣布另一轮公开市场操作，大规模买入美国国库券，但普通家庭和其他机构没有跟随美联储的脚步，家庭债务没有增长。在任何情况下贷款人都是非常挑剔的，所以很可能贷款降速并非他们的自主意愿。然而美联储的目标更简单，从其暗示会执行货币宽松政策以来，标普500指数在8个月里上涨超过30%，直到2011年的夏天增长减速。然后欧洲主权国家债务危机爆发，起因是市场对一些政府还债能力出现担忧。

当股市衰退时，美联储宣布至少在 2013 年年中以前都不会提高利率，这是为了使长期国债的收益率低于通胀目标，迫使投资者投资利润更高的风险投资。英格兰银行在 2011 年 10 月宣布额外的资产购买，随后在 2012 年 2 月宣布另一轮资产购买。2011 年 12 月，欧洲央行也开始出手救助欧洲的银行业，股票市场重新复苏，并且基础更为坚实。2012 年 9 月，美联储宣布未来一段时间内每月都将出手购买资产，2013 年 8 月，英格兰银行宣布直到经济达到预期增长标准之前都不会将银行利率从 0.5 的低位上调。

所有这些措施都是心理博弈的一部分，目的是为了降低无风险国债的收益率。央行希望通胀会刺激投资者从投资政府债券转而投资风险资产，最终促进就业、工资增长及消费价格上涨。整个 2013 年标普 500 指数上涨了超过 30%，从 2011 年 10 月到 2013 年结束，英国富时全股指数上涨了 36%。央行又玩起虚张声势的把戏来使投资者降低他们要求的风险溢价，虽然这一次想要哄骗投资者没有那么容易，但最终还是央行赢了：股票投资者做出回应；房价在英、美两国都开始大幅上涨，2013 年看起来似乎是蓬勃发展的一年。所有这一切都是发生在两国消费者收入增长超过债务的背景下实现的，债务占可支配收入的比例也没有超越之前 10 年的数据。同时失业率也大幅下降。

在这些好消息面前，只有一个问题仍然没有得到解决，那就是当资产价格开始上涨，而工资和收入的增速再次滞后时该怎么办。结果就是这些资产价格泡沫无法刺激消费价格上涨，资本资产价格与消费者产品服务之间的均衡化无法实现，货币政策只会带来适得其反的效果。自从 2012 年以来，美国公司债务相对于经济总量来说一直在稳定攀升中，这就是不利的预兆。

到 2014 年年底，央行做完了自己该做的一切，又开始进入等待期，等待工资和收入赶上资产价格，这样即使利率升高，它们的价格也不会因此下跌。但没人喜欢等待，尤其是投资者已经习惯了快速增长的时候。所以当投资者没有得到大量回报时就会变得格外不耐心，此前他们已经吃过几次亏了，所以只要市场上有一点风吹草动都会让投资者想起央行虚张声势的把戏，进而抛售手中的资产。央行也担心在缺少工资增长的背景下投资者会脱离它们精心设计的虚张声势的把戏，所以对投资者的过度反应视而不见。然而它们越是含蓄地怂恿，就会有越多的投资者借钱进行风险投资，相信央行会解决工资增长疲软的问题，而央行只剩通胀这一种手段。当投资者开始坚信当资产价格不管什么原因出现下降时央行都会迅速出手救助，这只会助长了市场投机冒险，最终只能增加危机爆发的概率。

只有时间能告诉我们最后情况会如何演变，但毋庸置疑的是，最后时间会证明通过预先刺激资产价格这种虚张声势的把戏在短期内刺激经济增长是得不偿失的。

BLUFF: THE GAME CENTRAL BANKS PLAY AND HOW IT LEADS TO CRISIS

第四篇

衍生后果

第十八章

阴　影

一个经济体正常运行需要基本的金融工具，那就是作为储藏手段和交换媒介的货币以及能够自如运行的银行业系统。为了确保这个体系能够正常运行，中央银行作为经济运行的调节者就从公民与政府签订的社会契约中应运而生。

但央行诞生后随即发生的却是大萧条、金本位制度失灵、德国银行业崩溃以及纳粹乘势而起。结果政府意识到提供就业不是经济基础设施的副产品，就业的重要性不仅在于谋生，还能提高社会凝聚力，所以政府关注的焦点开始转向促进充分就业。但央行并没有理所当然地继承这项责任。

央行促进就业的政策主要依赖利率，利率通过资产价格发挥作用。然而如我们所见，这种办法由于无法促进劳动力工资成比例地上涨而总是以失败告终，最终只会便宜那些拥有资本资产的人。而且由于工资无法上涨，资产价格主要受投资者对风险的渴望程度以及低利率控制，因此投资者对突然崩溃就格外敏感。而且由于这些资产主要用作贷款抵押以及储蓄保值手段，所以央行不能放任其价格暴跌，因为这会重创金融系统，蒸发人们辛苦积攒的储蓄。所以事情发展的最终结果就是利率不得不一直保持低位以支撑资产价格不下滑。

然而低利率有一种重分配效应，有利于债务人，却不利于贷款人。而且这项有利于债务人的政策有一种让人意想不到的结果，那就是鼓励不负责任且不产生实际价值的信贷扩张，增加了最后变成坏账的概率。有时候坏账无法进行清算，特别是当坏账数量过于庞大的情况下。最为可行的清理这些非生产领域债务的办法就是央行推动货币购买力下降，但这反而会增加资产价格机制失灵的风险。

央行没想到自己的举措会导致这些意料之外的结果。它们更为关注的是利用低利率促进社会充分就业，整体工资水平稳步提高，在这个过程中不可避免地会产生一些坏账，但这是为了经济增长必须冒的险，不然的话收入将会更低。至于再分配效应，央行的解释是虽然低利率让富人变得更富，但穷人也比原来好得多。这个世界上所有经济政策都不可能让所有人雨露均沾，一些人总是会比另一些人得到更多好处，只有社会某一部分人得利是以另一部分人的损失为代价，劫掠穷人救济富人时，我们反对这项政策才是合情合理的。所以只要现实不是劫贫济富，穷人财富提升的幅度哪怕只有一丁点，那么这项政策就是合理的。因为一些人赚的比另一些人多而拒绝一项会提高所有人收入的政策确实会让所有人更平等，但这种平等却是以穷人和富人都蒙受损失为前提，富人会因为拥有更多财富而蒙受更大损失。

确保所有人都能就业主要是为了让人有能力养活自己，享受物质生活。但考虑到人心的复杂性，从社会凝聚力的角度来看人与人之间的相对地位十分重要。如果普通人需要努力工作才能够提高自己的工资，但同时那些拥有房产和生产资料的人不用工作就能挣大钱，这会让那些挣工资的人感觉不公平，影响会十分恶劣。当然这会促使一小部分人奋发努力，最终获得成功，但就大多数普通人来说却仿佛注定这辈子就是干苦力的命，让他们觉得自己是无产者。

所以，虽然从另一方面来讲，央行资产价格机制产生的始料未及的后果逻辑上是合理的，但这一行为有可能引发社会摩擦和不和谐，政客们必须对此做出权衡，他们之所以会注意到这一点不是因为打算改正错误，而是因为他们怕这会让自己输给竞争对手，竞争对手正在借此煽动民粹情绪。所以政客们做出的回应是向那些高收入人群实行更高的累进税率，即使这些人之所以挣得多主要是因为他们掌握别人掌握不了的工作技能或者是多年努力工作换来的结果。他们惩罚那些天生喜欢挑战自己不断进步的人，而不是那些日复一日重复、麻木机械工作的人。他们将那些对社会做出更多贡献的人描绘为懒人，不配继承财富，所以政客们要求高收入者不仅是多交一点钱（因为他们挣得多），也要用大部分钱交税。对努力工作获得的收入实行累进税率，相信这样就会莫名其妙地实现公平。事实上是在鼓励懒惰，只会让生产力下降，因为如果人们得知他们边际收益的大部分都要用来交税补贴那些工作中偷懒的人，那么他们努力工作并且促进生产率提高的动力和意愿就会大大降低。所以实行更高的累进税率时，对那些高收入人群影响十分明显。那些挣得比社会平均工资高数十倍的高收入人群就会想办法合理避税。而且推动经济增长的最大推动力来源于促进社会整体劳动力，提升劳动技能，提高他们的生产率，而不是向高收入人群开刀，指望劫富济贫的再分配措施能起到改变现状的作用。更高的累进税率在民粹主义者中呼声非常高，这种观点的最大坏处是增强了社会大众心中的谬论，他们相信自己之所以工资低是因为社会精英用不公平的手段胜过自己，所以应该对他们收更高的税作为惩罚。

社会活动家和政客的另一项提议就是对累积财富征税。但这种观点忽略了一个事实，那就是这些财富也是由工资收入或资产投资慢慢累积下来的，工资收入已经收过累进税了，而进行资产投资主要是为了弥补通胀损失、风险溢价以及低利率损失。人们可以呼吁对资本资产收税，这部分利润是由低利率的巨大影响产生，而非来源于努力或者风险溢价。但这样做却回避了最为关键的问题，为什么不直接摒弃这种虚张声势的把戏呢？事实已经证明预先推动资产价格升高进而促进经济增长这一套行不通，因为工资增长速度无法跟上资产价格的增速。

从务实的观点来说，考虑到这些资产价格总是不稳定并且有突然崩溃的危险，财富的价值本身就是个问题，对其征税更加困难。而且这种税收一方面能帮助民粹主义者拉拢选民；另一方面对政府来说可以坐收渔翁之利，这样政客们就更加不会主动碰触工资与财富增长失衡的真正原因。在英国，这类税收执行的标准线总是恰好高于那些提出提案的政客们的收入，这一点暴露了他们的私心。

考虑到收入与房价之间的差距日益加大，越来越多的人一就业就开始买房。但这也有不利的一面，毕业生刚就业时正是最富有激情和胆识的时候，此时选择成为房奴无疑会限制他们的闯劲，让他们每天为房贷奔波。但是房屋所有权已经成为所有人关注的焦点，这让人们忽视了房价总是比他们的收入增长更快的现实。当他们收入增多时，他们就会把原来的房子卖掉买一个更值钱的房子，这个过程中他们也从房价上升中获益。在英国，登上房产阶梯的压力以及急迫性正是央行低利率政策的直接结果。在英国，当时出售自己的主要住房获得的资本收益不收税，而所得税则从 20% 飙升到 40%，达到 32000 英镑，这很明显是通过金融激励方式鼓励登上房产阶梯而不是鼓励人努力工作晋升或涨工资（英格兰及威尔士当时的房屋均价是 192000 英镑）。所以当时面临的抉择就是让工作的人背负沉重的不会产生任何价值的债务，对经济增长没有一点好处，或者是激励他们努力工作涨工资，这也是把他们从房产阶梯中解救出来的唯一方式。政府选择了前者，因为他们错误地相信央行会努力提高住房自有率，还会创造更多具有生产力的信贷，最终让工资跟进上涨。

而且当给政客们提供了一个千载难逢的机会表面上给人们提供帮助时，他们又怎么会急于解决这个问题呢？随之而来的就是各种提供抵押贷款补贴的政策，这实际上是把房屋业主的风险转移到纳税人身上了。债权人会更加踊跃地借钱给房屋所有者，这注定会让房屋所有者受债务的控制，而此时的债务是其收入的数倍。对纳税人来说这种负债十分危险，未来将会由下一代承受其爆发的后果。

这就形成了一个非常荒谬的局面，再分配政策是为了修正一开始意料之外的结果，最终却又产生了其他让人意想不到的结果。讽刺的是，政客们合理解释他们的再分配政策，说这样是为了创造一个人人平等的社会。而现实中就是央行加剧了社会不平等现象，央行对本来是正常起伏的经济活动进行微管理，并且干预市场驱动的价格，而价格能最有效地分配储蓄。

为了在任何时候都能通过货币购买力的损失来推动充分就业，央行几乎没有完成它们的其他职能。货币购买力的实际下降意味着纸币不再是好的价值储藏手段。由于这会降低借贷门槛儿，导致资产价格最终与工资涨幅无法匹配，金融系统会出现更高的不稳定性。当财富产生财富的速度快过劳动力收入增长的速度，想要通过充分就业促进社会和谐的目标就只能是天方夜谭。

利率杠杆的另一个影响就是那些从事于以投行为首的金融服务业的从业者挣得比普通大众更多。金融危机后，公众对投行的认识从投行是精英的聚集地开始，把他们转换成吸血鬼，正在不公平地从纳税人手中获利。好像是作为对评论员和学术界一直以来批评的回应，投行及其他金融部门都开始实行工资限额，但这些措施掩盖了央行的责任。

投行销售及交易部门的主要经营模式就是经纪人牵头搭线将买家和卖家带到一起。作为中间商，投行允许客户可以在需要的时候买卖手中的金融资产，而不必非得等到有买家出现。他们买下卖家手中的资产，向其提供流动性。但这样做的风险就是把这些资产价格波动的风险转移到他们自己身上，因此他们收取佣金就比房地产经纪人等更为合理，因为房地产经纪人只要出面促成买卖方达成交易签合同，在这期间不必承担价格下降的问题。正是由于央行承担了资产价格波动的风险，所以他们可以理直气壮地向买家和卖家收取佣金。

工资限额主要集中于高管及投行销售交易部门中，这给人一种暗示，那就是投行所进行的活动都是没有社会价值的赌博，是在赌场里跟客户对赌，所有人都知道这种赌博是安全的，因为一旦出现任何问题，政府都会出面进行援助。但如果事实真的是这样，那为什么独立的资产经理要拿同样高甚至是更高的报酬呢？是因为他们是最有能力和足智多谋的一批员工，还是因为他们正在巧妙地利用这套系统牟利呢？答案都不对。从很大程度上来说，在这场由央行主导的游戏中，他们只是按央行的摆布在对的时间出现在对的地方而已。

还记得之前股票金融市场的价值是收入数倍时的情景吗？比如在2013年，美国家庭总的个人可支配收入大概是12.5万亿美元，而当时他们持有的金融资产总市值为65万亿美元。这些钱被投资到现金、货币市场及各种债务和股市投资中，还包括养老金。除了家庭和非盈利组织外，公司机构同样拥有自己的金融资产。即使公司买了这些资产后什么都不做，只是单纯持有，它们也会收到利息、分红及债券到期后返还的本金。然后这些钱又会再度用于资产投资。除此之外，每年美国家庭和公司都会拿出他们各种收益的一小部分用于各种金融资产投资。所有这些操作都是通过资产经理进行的，或者直接通过互联网平台，这些中间商最终会到投行那里购买各种资产，投行在这个过程里会收取佣金。

基本上这就是投行运营获得利润的基本模式，投资者想要购买政府及公司发行的投资证券，公司会将融资得来的钱用于生产性的经济活动，而投行为促成服务而收费。大型经济体想要将储蓄从存款人手中转移到资金使用者手中就必须要有一个发达的金融市场，全球的储蓄资金通过投行的柜台交易模式最终找到并投资到各种构成我们财富的金融资产。由于投资回报会增加股市财富的市值，通过柜台进行交易的价值也会增加，除此之外增加的还有投行的佣金。达成的交易越多，投行就能挣到更多佣金；投行挣到的利润越高就越可能会给员工更高的回报，这也是完全正当的收入。然而，由于每一桩交易的潜在目的大概都是将资金从储蓄者手中转移到生产性的资金使用者手中，这对实体经济能起到非常好的补充作用。所以即使投行在这个过程中赚了大笔钱，当交易资金完全用于实体经济时还会产生更大的财富和收益。

在事情的正常发展过程中，当投资者需求和认知改变时，交易达成量自然也会有涨有跌，然而每次央行事先透露会改变利率刺激资产价格时，投资者都会被迫做出抉择，决定自己该如何做出明智的回应，这也是央行希望他们做的。结果，市场中交易的资产种类和数量都大幅增加，经销商从中赚到更多佣金。当资产价格机制无法发挥作用时，实体经济也无法从中受益。而资产价格机制之所以失败不是因为经纪人的问题，而是因为无法激励投资者按预先设定好的方案行动。

央行将无风险国债的收益压得越低，就越会刺激投资者进行风险投资，并且利用杠杆（直接借债投资或购买金融衍生品）去赚更高的回报率。由于风险资产或金融衍生品的价格波动风险更大，所以投行会对交易收取更高的佣金。对这些产品的需求越旺盛，总的佣金数量就会越高。当政策无法实现其刺激生产活动繁荣的目标时，相对于萎靡的经济现状，这些佣金就会显得很扎眼。

所以投行将买家和卖家联系到一起，做市让他们交易并没有给投行带来额外的丰厚回报，只有当他们经纪的业务无法促进储蓄资金流入生产领域时才会产生高额收益，但这也不是他们的错，虽然投行可能由于做市而参与到一些预期交易及市场定位活动中，但这整件事情不是他们所能决定的。而且投行在提供流动性时肯定不想让股市投资比例出现亏损，不然他们就要破产清算了。比起即时限制每一笔交易，这种行为可能让他们赚更多钱，而且限制每一笔交易也几乎不可能做到。虽然如此，这些活动相对于由储蓄者推动的市场潮流来说只占很小一部分。同样的，在将金融产品打包卖给投资者时，投行自己也可能有一些资产投资，但投行主要是为了服务投资者需求而生的。投资者的投资需求不受投行控制，而是由无风险国债的收益率驱动。

大多数资产经理的收入主要来源于其管理资产的收益。他们的主要任务是选择正确的债券和投资类别进行投资。假设一家共同基金经理想要投资债券，他首先要决定买什么债券，什么时候到期，发行人是谁。随着时间发展，投资产生的利息按复利计算并且资产的美元价值会逐渐上涨以弥补投资的风险和通胀。然而利率下降得越多，这些投资的价值就越高。

这些投资的价值越大，投资经理拿的酬劳就越高。

以上所述只是为了说明针对投行的工资限额只是治标不治本的做法，无益于解决真正的问题。当货币购买力下降时，储蓄自然会被用来进行风险投资保值，所有人在这个过程中也能得到回报。当人们的储蓄超过现存的投资机会时，融资成本就会下降，反映经济下滑的现状，反之亦然。这个循环就像人们工作然后休息，恢复精力接着工作，然后再休息再工作一样循环往复。当因为一些外部原因，本来很正常的市场波动被打断，导致经济活动大幅下降时，政府就会利用低利率去资助经济活动。然而当经济正处于正常恢复期时，央行却努力想扮演好自己促进就业以及调控经济的角色，结果就是让经济更加疲惫不堪且混乱。在混乱的市场中，储蓄者感觉到货币购买力的下降后就会转身进行投机，而不是仔细考察企业经营活动，计算承担的风险。就是在这种情况下投行挣到更多的钱。

企业是所有经济活动的基础，但在投行挣的钱总是比在企业里挣得更多，所以这自然就将最优秀、最聪明的人才吸引到这个行业里。这恶化了实体经济中存在的各种问题，因为如果社会中大部分优秀的人才都跑去金融业当经纪人了，那企业就缺少可用的优秀人才创造价值了。不管是技能还是天资，都更适合其他行业的人才可能最后屈服于金融部门的高额收益，他们被钱诱惑放弃对社会更加有创造性和推动性的工作而选择从事金融业。这一切的原因都是因为央行认为通过实际负利率预先刺激资本资产价格是促进经济发展的核心。

第十九章

价格稳定的面纱

对于未来通胀预期问题，人们总是莫衷一是，无法达成共识。如果你每月拿的是固定工资，也没有多少资本跟老板谈薪资，那么通胀对你来说就是一件很让人讨厌的事情。这种对通胀的态度也适用于那些把自己的辛苦钱借出去的贷款人，超出他们预期的通胀总会让他们蒙受损失。但如果你是借款人，按固定利率支付利息，那么通胀对你来说就是个好东西了。特别是当你举债买的房子升值速度超过通胀速度时更是如此。

虽然财富重新分配的一方是债务人和资本资产所有者，另一方是债权人和每个月拿固定工资的工薪族，通胀似乎看起来也有很多好处。假设有一个商人或企业家贷了一笔两年期固定利息的款子，但之后通胀速度超过之前预期，他生产的货物价格也出现上涨。这时候通胀减轻了他真实的债务压力，而且他的收入也会比之前预期的收入更多。而且由于此时有大量剩余劳动力在寻找工作，员工没有工资议价空间，所以企业主不必提高员工工资弥补通胀损失。随着收入继续增加，当利息与工资成本持平时，他的利润就会越来越多。基于这种现实企业主就会决定扩大生产。

基于以上推论，有人可能会问为什么不在计划之内的通胀是坏事。每个月拿固定工资的工薪族能拿到工资就很开心了，因为如果他的老板没有从通胀中获利的话他现在可能已经失业了；没有得到足够补偿的放贷人也应该庆幸自己能够拿回本金并且还有些许回报，虽然回报远不足以弥补通胀损失及所承受的潜在违约风险。此外如果以放贷人认为合理的利率放贷的话，债务人可能都无力支付本金。所以虽然债权人没有得到充分补偿，但至少情况没有进一步恶化。

但工薪族和债权人迟早会意识到价格已经上涨并且要求得到补偿。此时工作岗位增多所以企业主支付更低的实际工资的话就会导致员工流失，而且债权人也会趁机要求提高借贷成本。企业主相信他可以从产品价格上涨中获益，所以他付出更高的成本并且借更多钱用于扩大生产。

只要产品价格涨幅一直高过实际工资涨幅及利息成本，那么企业主就是有利可图的，这种通胀繁荣也可以维持下去。然而当工薪族和债权人意识到他们被有系统、有意识地过低补偿时就会开始要求更高的补偿。一旦工资和利息成本扣除通胀因素后充分升高，企业主原先想象的利润就没有了。他们一开始以为产品价格上涨是相对需求增加导致的，现在他们才意识到这是通胀造成的，造成产品与服务、劳动力及借贷成本的增加。然而由于之前错误预测相对需求的增加，供给工资和债务同期都已经大幅增加。现在预期的需求没有实现，大部分企业都将陷入困境。当他们开始削减开支时，原来由通胀刺激的泡沫就会突然破裂，造成商业库存积压，劳动力失业，需求下降及坏账增多。人们将意料之外的通胀错误地意会成更高的利润及相对需求增加，进而过度扩大生产规模，将资金投入其中。最终实际工资的增长、利率的变动将泡沫戳破。

所以虽然货币购买力缓慢下降能减少实际债务负担和工资成本，对政府和商业都有利，但是当人们预期通胀会继续增长时却会产生反面效果，因为员工和债权人会要求补偿，而商业则会将通胀理解为相对需求的增加。

这就是为什么央行热衷于控制通胀预期的增长。从这种角度来说似乎央行做了一件好事，几乎所有衡量消费产品与服务价格上涨的指标都表明英、美两国过去 20 年来的通胀都只有 2% 的水平。这个数字一直没有变化，公众开始接受 2% 的通胀预期，央行也觉得每年 2% 的通胀有利于经济发展。而且这让它们可以系统地降低货币的购买力，降低企业真实负债压力，提高利润。

但在赞美央行娴熟的操控手段之前，我们应该看一下 20

世纪 90 年代后期资产价格的走势。长期无风险利率的下降刺激了风险资产价格不成比例的大幅上涨，每个持有风险资产的人都觉得更有钱了，有种成为富人的感觉。然而这也创造了进一步价格上涨的预期，所以投资者借钱进行投资，希望得到更高的收益。只要风险资产价格涨幅快于借贷成本，资产繁荣的假象就能持续下去。很快，投资者就会出售手中的无风险债券转而进一步投资风险资产。虽然此时无风险利率上升，只要投资者要求的风险溢价没有上涨，泡沫就会持续下去。然而随着无风险债券收益上升，投资者对较低的风险溢价就会感到不满意，当提高他们要求的风险溢价时，借贷成本就会上升，风险资产价格就会下降。那些借来投资风险资产的钱就会成为坏账，刺激贷款成本继续上升。起初资产价格的大幅攀升一方面让人们错误认识这些资产的真正价值；另一方面诱导投资者举债投资，增加了杠杆率。泡沫会一直持续下去，一旦无风险利率或者投资者要求的风险溢价上升，泡沫就会破灭。

通胀预期每年看似都固定在 2% 只是一种假象而已。资产价格的螺旋波动及由此导致的资本错配总是在资本市场上而非消费者产品与服务市场上不断上演，所以虽然央行吹嘘自己实现了 2% 通胀预期的控制目标，但资本市场的不稳定让这黯然失色。

第二十章

交易 VS 投资

牛顿第一运动定律告诉我们，“当物体不受外力作用时会一直保持静止或者匀速直线运动。”这条定律也同样适用于股市、楼市或者整个职场。如果一处资产要支出的成本和利息都是已知固定的，那么我们就可以计算出这处资产的现值，并且其现值将会一直不变。但这处资产的支出总会随着经济基础的变动而变动，包括租金收入、分红以及利息收入，利息的波动反映经济增长速度。因此这处资产的价格就会一直处于波动状态，波动的幅度与经济发展速度大体一致。

人类情感就是会对资产价格产生影响的外力。金融恐慌会让资产价格和整体经济走势失控，所以央行就扮演了纠正这股力量的角色，通过降低无风险利率来消除投资者和债权人的恐慌情绪，让他们降低借贷时的风险溢价。然而当央行将资产市场看作促进经济发展的手段时，它们的干涉手段就不仅仅只是想要让投资者降低风险溢价，而是希望借此促进经济增长。它们有效强化了正面的人类情感并且增加借贷和支出，这有效促进了资产价格的发展，其发展速度远高于实体经济的发展速度。

1998 年 9 月和 10 月，投资者因俄罗斯主权国家债务违约问题以及美国长期资本管理公司援助问题陷入恐慌时股市大幅下降，央行当时采用降低利率的方式刺激投资者降低他们的风险溢价，把钱投到风险资产中去。这一招奏效了：股市到年底时已经恢复到危机前的水平。当投资者的乐观情绪十分浓厚时，央行还是将利率维持在很低水平，因为央行希望通过这种办法能促进经济增长。同样的，当英格兰银行在 2001 年降低利率并且经济在 2002 年年初开始繁荣发展时，英格兰银行没有上调利率，而是助长了这股乐观情绪，刺激楼市和债务快速增长。

通过重复对资产价格施加外力影响，央行改变了投资的本质。这不再是简单地购买持有投资资产，然后随着时间发展整个股市和房价都会随着实体经济的繁荣而上扬。在正常的投资中，我们可以忽略由于人类情感的正常起伏导致的市场价格波动。从长期来看，我们可以相信由于劳动力、资本、技术进步、金融机构理性思考及政府干预的影响，资产市场最终会回到与经济发展相协调的道路上。

然而当央行积极干预市场心理并且增加信贷时，资产价格的变动就跟羊群效应一样，很像非洲大陆塞伦盖蒂平原和马赛马拉草原季节性迁徙的动物。然而由于资本资产的相对需求与消费者产品服务之间的均衡化无法实现，央行无法衡量消费价格涨幅的程度，所以谁都不知道央行到底会在这条路上走多远。因此投资者只能自我警惕，关注市场上出现的任何风吹草动，判断无风险利率上升或投资者风险溢价上涨会不会导致市场突然崩溃。

资产价格上涨的趋势加上投资者的激烈争夺，最终会有输家和赢家。所以投资者更加青睐能够成功预测央行行动以及从中牟利的交易员和对冲基金经理。而且指数追踪基金和交易所交易基金此时对投资者来说成为一个很划算的选择，让投资者可以投资那些现在炙手可热的资产类别，最终刺激经济发展。曾经在市场上挑选投资部门和证券的投资基金现在对投资者来说吸引力大大下降。这种基金还继续兴盛的主要原因是由于明星经理、品牌安全及有竞争力的价格导致，而非其本身的优越性。

虚张声势的把戏增加了投机活动，打乱了资本有效分配的步伐。人们对那种精挑细选，购买并长期持有资产获得收益的投资类型不再感兴趣。现在投资者的主要决策是投资什么类别以及什么时候投资，这就是利率杠杆的直接结果，通过对资产价格的巨大影响及强制的货币购买力下降来控制其他一切因素。如果整个股市或公司债券市场因为无风险利率下降而变得更加有吸引力，那么个别公司或投资的影响力就会小很多。因此预测央行的下一步行动就变得至关重要，因为实际负的无风险利率能够让风险资产价格在短期内大幅上升。

然而也正是因为这个原因，这些资产价格的波动趋势很容易受到投资者提高风险溢价的影响。购买并长期持有资产的投资者可以忍受短期内 5% ~ 10% 的资产价格波动，但如果短期内跌幅达到 20% ~ 30% 的话，购买并持有该资产就显得不切实际。有一些财力雄厚的机构投资周期比较长，一般都以二三十年或更长周期，比如养老基金或主权国家财富基金。然而即使这些机构可以忽视短期内资产市场剧烈的价格波动，它们也会意识到利用那些可以利用的机会牟利。这就是为什么长期投资者会关注短期资产配置交易，并且将其外包给专业的对冲基金。这些对冲基金主要专注于在短期内操作资产价格攫取利润。

当资本雄厚的企业家可以在金融市场投资高流动性的股市或者对冲基金，每年能够获得 20% 到 30% 的回报时，他就不可能想再回去从事实业，不仅费力而且不挣钱。因此央行控制资产价格最后产生的结果却与初衷背道而驰，人们没有也不想将储蓄流通到实体经济创造价值。如果由流动性投资产生的资产财富没有传导到消费领域，那么投资股市或对冲基金与实体经济开办公司之间就会出现新的不协调。这只会加大资产经济与其他经济活动之间的鸿沟，迫使央行继续提供支持。

考虑到央行虚张声势的把戏使金融市场波动不断，那句经典的“投资不是交易”只是一句空谈而已，还不如另一句老生常谈“短期投机交易失败就成了长期投资”有用。那些认为与投资相比，交易对社会没用的人只是一厢情愿地忽视了投机是央行为了推动经济增长而煽动起来的。当这套虚张声势的把戏曝光时，政策制定者们就会大呼呜冤摆脱自己的责任。

第二十一章
表象之下

乔和约翰是两兄弟，兄弟俩都非常有进取心，并且具有敏锐的商业头脑渴望成功。哥哥约翰是一个成熟稳重的人，对待工作认真勤恳。有一天弟弟乔打电话给他，告诉他自己面试了一家新公司工资给得非常高，约翰听后的第一反应是：“这听起来不错，但你注意表象之下的东西了吗？”

“什么意思？”乔听后觉得一头雾水。

“比如说你要买一辆二手车，别看车表面很新，你得打开车的引擎盖看看里面的线路有没有老化，不然你买后就等着整天修车吧。找工作也一样，这个新主管看起来怎么样，是那种能带领整个团队并帮助你成长的人吗？还是他是那种很轻佻、善变的人，如果他是这种人我觉得你还是不要去这家公司了。”

而乔自己心里的想法是：“我觉得新主管人还不错，他能挣很多钱，而且看起来很自信并且自制力非常强。我很想跟着他一起干，而且他们一年给的工资是 20 万美元，我现在一年才拿 5.5 万美元，我哥哥那么聪明、那么勤奋一年也只不过拿 6 万美元而已。所以这份工作我觉得真的挺好的。”

乔接受了这份工作，全身心投入其中每天都加班到深夜，他哥哥教导他的职业道德他都一丝不苟地实践了。但是天有不测风云，他的主管做出一系列错误的商业决策让部门那一年亏了很多钱，所以公司把这名主管开除了，同时开除的还有乔，因为公司觉得乔是这名主管的跟班。此时经济形势也发生变化，许多人都失业找不到工作。而乔的哥哥约翰此时因为表现优异得到晋升，工资也翻了一倍涨到一年 12 万美元。

投资者跟乔的遭遇大体一致，他们一直都受央行低息贷款的影响，但没有注意到暗流涌动让经济前景没有想象的那么稳定。较低的贷款成本使企业可以提高杠杆率，借钱从股票市场回购自己的股票。这会直接推动股票市场繁荣并且进一步迷惑投资者。

假设一家公司发行了 1 亿股股票，每股交易的价格是 100 美元，那么这家公司的总市值就是 100 亿美元。公司每年的净收益是 6 亿美元，所以每股的分红就是 6 美元。如果公司现在以 5 年每年 2% 的利息（每年就是 4800 万美元利息）借债 24 亿美元回购 2400 万股股票，其他条件不变的话，每股的分红此时就会上涨21%达到7美元。只要收益一直保持稳定或者上涨，能够弥补债务负担成本的话，剩余的股东就能够得到更多收益，投资者也愿意付更多钱买这只股票。

公司用低息贷款回购股票推动了股市的繁荣，在投资者眼中这更证实了央行虚张声势的把戏。当他们被诱导降低风险溢价并且大量购入股票时，公司的管理层会将这种繁荣解读为对自身的肯定，股价上涨是对他们高超管理水平和正确战略的肯定。当他们对未来收入预期更加肯定时，就会借更多钱，让杠杆率进一步提高。

然而如果公司受到经济不景气的影响，收入下滑，此时面对沉重的债务利息负担，高杠杆率就成为一个大问题。比这更糟糕的是随着利润下降，贷款成本就会提高（在我们的例子中，收入下降30%，从6亿美元降到4亿2000万美元时，贷款成本就会翻一番升高到4%，即每年9600万美元，每股分红就会下降到4美元）。

更为糟糕的是债权人此时纷纷躲避它们，让公司无法延期偿还债务。公司只能加速抛售手中的金融资产筹集现金支付现在的债务，即使这些金融资产的市场价格在一路下降。或者它们可以增发股票，但这可能会让每股股票的收益出现下降。在这场由央行推动的再通胀及经济复苏的表面繁荣之下其实是更大的风险，由更多债务导致的风险。而且此时由于股东数量减少而债务利息却没有相应减少，所以每位股东承担的风险就加大了。而且其不足之处在于这让债权人难以抵御经济衰退的风险，他们可能会变得更加挑剔或直接退出。

1998 年后半年，当美国开始降息并且股票市场得到修正后，非金融公司逐渐开始回购它们的股票。美联储可能还有些担心在经济中弥漫的负面情绪，但这种情绪在这些公司中完全不存在，它们举债回购自己公司的股票证明它们预测未来会变得更好而不是更坏。利率在 1999 年上半年继续维持低位，这促使非金融公司继续满怀热情地发行债务。虽然当股价开始上涨后它们也相应降低了回购的步伐。到 2000 年，非金融公司杠杆率大幅上升，让它们难以应对利率上升的后果。下一年里债务发行和股票回购基本上已经停止，股市可能在未来数年内都是负收益。

到 2005 年，发行债务和回购股票又死灰复燃，2007 年公司发行债务及回购股票的速度比之前快许多倍，到 2008 年经济发展的情况跟 2000 年基本一致。相对经济增速，低贷款成本给高杠杆率提供了沃土。但随之而来的就是信贷紧缩，这些公司不仅被迫降低杠杆率，还要努力降低债务水平。然而这种修复模式只维持了很短时间，因为央行又开始降低利率，到2011年债务再度膨胀并且再次被用来回购股票。到2013年，投资者注意到股市已经恢复过来，现金等价物投资的收益率远低于通胀速度。对股市来说这一年非常好，主要是受公司借债回购股票的影响及投资者重新开始投资风险资产。

到2015年年底，美国非金融公司的债务水平已经逼近危险线，达到2000年及2007年的程度。美国非金融公司的杠杆率是否会对整个美国经济造成伤害取决于债权人的收益率如何。而美联储无疑会努力提高其收益，这一点十分危险。美国非金融公司的高杠杆以及2000—2002年和2007—2009年的危机都是由美联储长期低利率的胁迫造成的，美联储告诉我们这会带来繁荣却没有兑现诺言。而盲目的股票投资者永远不会看到表面繁荣下的暗流涌动。

第二十二章
永远不会破裂的泡沫

如果你在伦敦住久了的话就会感到自从20世纪90年代开始，伦敦的房价就开始飞速上涨，许多人陷入了与高房价的博弈中。有些人过得非常不快乐，声称自己绝不会当冤大头，在房价马上就要进入拐点时买房子，他们坚称房价马上就要崩溃。但如果房价真的崩溃的话将是所有人的噩梦，所以这种事情最好还是别发生。而且房价上升不是单纯的市场现象，而是主要由西方央行的低息政策同步传导造成的。

央行过去一直都关注让消费价格涨幅保持较低水平。不管有意还是无意，这种办法似乎都有些南辕北辙的意思。经济中的超额货币最后都流入到资产领域，因为资产升值能有效抵销通胀偏差。如果央行值得信任，通胀偏差也可以忽略，那么追逐资本资产只不过是为了抵销过多剩余资金的影响罢了。现实中确实有大量闲置资金，看看全球金融市场和房地产市场即可知道这一点。

在英格兰银行赢得独立的 10 年里，伦敦房地产市场涨了 3 倍，英国房地产市场泡沫紧随美国和日本之后位居第三位。从 1981 年到 1991 年的 10 年里，日本三大主要城市的土地价格翻了 3 倍，主要是在前 5 年增长的。而在美国从 1997—2006 年，全美十大主要城市的房价上涨了 2.9 倍，一点不逊色于伦敦和日本的表现。

然而截止到 2015 年年底，日本的土地价格相比巅峰期下降了 65%，全美十大主要城市的房价下跌了 1/3，伦敦市场的表现稍好一些。房价在 2008 年年中之后的一年里跌了 15%，但从 2009 年年中开始再次上涨，到 2015 年房价已经比金融危机之前的峰值上涨了 50%。相比之前英格兰和威尔士其他地方的房价在 2008 年和 2009 年也经历了相似的下降，随后开始缓慢恢复，直到 2015 年年底才恢复到危机前的峰值。

不管按绝对值计算还是与经济的关系来看，这 10 年央行都在执行低息政策，从修正这种政策影响的角度看，英格兰银行几乎在后危机时期成功做到这一点。只有通胀能够最有效地减轻沉重债务的负担，当英格兰银行在过去推动服务业本来很高的通胀继续上升时，由于产品价格通缩，市场并没有发现这会造成多严重的后果。然而家庭贷款仍然增长缓慢，非金融公司也削减债务，银行业也在控制杠杆率。这一切都发生在 2010—2014 年，这几年里经济累计增长 22 个百分点，大部分都是通胀的贡献。

在伦敦，房价的上涨速度已经超过工资增长的速度，所以这引起人们的激烈反应。央行努力想将人们的视线引向别处，指出经济开始增长时家庭债务并没有增长，其实伦敦的家庭总收入只占整个英国居民家庭总收入的 1/5。其指出在英国其他地方房价没有上涨这么多，伦敦之所以上涨是因为俄罗斯和欧洲由于政治和经济动荡导致资金外逃，流入到伦敦高端房地产市场，这种因素是无法调控的。最终央行又开始用老一套的解释来说服别人，告诉别人消费价格上涨不是问题，迟早会降到既定水准，就是这种说辞让人们又开始了 1997—2007 年的经历。当消费价格得到控制后，央行开始担心失业人群。

在某种程度上所有这些因素都是真的，但是央行在危机发生之前却忽视了所有这些不稳定和发生危机的预警。因此过剩的货币又一次被引导到某些资产领域中，促使伦敦房价上涨。在这个过程中，消费者产品与服务的价格并没有一同上涨，所以伦敦房价自己开始通胀起来，吸收闲置资本并且价格不断上涨。

直到 2007 年，伦敦高端房地产市场的涨幅跟伦敦其他部分的涨幅都是一样的。如今在肯辛顿、切尔西、威斯敏斯特等房价最贵的街区，房价由于国际需求增加出现大幅上涨，已经远远超过伦敦其他 31 个区了。到 2015 年年底，价格已经比危机前最高水平上涨了 65%，与 1997 年 12 月相比，高端房地产价值已经翻了 5 倍，整个伦敦只翻了 4 倍。

虽然国外需求可以解释高端房地产市场价格上涨的原因，却不足以解释伦敦其他地区房价上涨的原因。真实的原因是，英格兰银行造成的流动性过剩最后都流入到伦敦的不动产市场了。英格兰银行此时释放流动性政策的力度比 2007—2009 年金融危机时力度更大，再加上政府出台按揭贷款资助计划，人们开始思考，为什么央行明知道这种价格涨幅难以为继，还要如此热衷于刺激房价上涨呢？特别是它们本来应该把精力用在促进收入提升上的。而且央行不知道如何解决低利率政策引发的资产价格上涨，虽然总债务占收入的比例有所下降，但由央行一手导演的低利率政策却加大了收入与资产价格之间的裂缝。

买得起房子这个问题对社会和谐的重要性不亚于就业问题。现在的情况却是人们越努力工作，就越买不起一栋离市区不远不近的房子。政府的按揭贷款资助计划恶化了央行低息贷款政策产生的问题，继续输血支撑难以为继的房价只不过是将眼前的压力转移到未来纳税人的身上。

英国的房地产市场根本无法实现可持续发展，英格兰平均房价与收入的比例在 2013 年时是 6.75，比 2010 年的顶点低了大概 0.5 个百分点，这一数字在 1997 年时只有 3.5。而在伦敦内的 14 个区里，平均房价与收入之比已经超过整整 10 倍。这清晰地表明了绝大部分人面临的现状。

假设一个人收入有 20% 用来交税，剩下 80% 的净收入中要拿出 1/4 来交房租，通过这种方式我们可以计算出一个人要大概花 52 年的时间才能还完买房的房贷。对整个英格兰来说，假如房租是税后收入的 1/5，那么还房贷需要 42 年。而在 1997 年，这一数字只有 22 年。这形象表明了低利率及债务上涨对房价上升的巨大推动作用。

房价与收入之间的鸿沟越来越大，伦敦的年轻人背负的压力也越来越大。现实促使年轻人刚开始工作就急于买房。政府对这种现实视而不见，指望依靠价格传导机制就会解决问题，而过去 20 年的实践已经证明这种机制无效，从一开始就是错的。20 岁到 30 岁的年轻人把买房当作人生主要目标，如果没有父母帮助的话他们只能背负沉重的房贷压力。在他们刚开始自己的职业生涯，本该充分发挥自己的才华拥有无限可能的年纪里，他们却背负沉重的房贷压力。结果很可能就像“蛇梯棋”一样，当最终辛苦爬到顶的时候却发现市场开始崩溃，然后他们最终又跌落到最底层。

人们一开始以为房价和收入之间的差距是由房屋供给短缺造成的，而没有意识到这是央行虚张声势失败的结果，是货币政策失灵的表现。央行以为大量低息贷款进入资产领域会通过传导机制促进消费者产品与服务需求上升，进而促进工资上涨，但最后这一切都没实现。通胀预期推动房价上升，而没有促进消费者产品与服务价格的上涨。通胀让人们搞不清楚哪一部分需求是由通胀预期导致，哪一部分是由真实供给不足导致。而且不管是什么如果价格每年以两位数上涨的话都会创造更多需求，即使此时提供更多供给也满足不了人们的投机性需求，房地产市场更是如此。特别是当这种需求是由纸币资助的话情况会更加越演越烈，因为纸币基本上能够无限量超发。人们弄不明白哪些是真实需求，哪些是过剩货币导致的虚假需求会造成资本的错配，经济学教科书上早已经讲过这一点了，这是高通胀的典型结果。

人们将房价上涨归因于供给不足，所以有人呼吁建更多的房子满足市场需求。然而如果市场上真的存在供需失衡的话，那么问题是为什么供给没有马上跟上来满足这部分需求？

看起来房地产商对房价与居民收入之间的差距有清晰的认识，知道人们的收入无法负担更高的房价，所以他们不愿意建更多的房子。但建房周期一般都比较长，这中间有个时间差，所以很可能一开始房地产商预计居民收入会相应增长所以增加房屋施工量，等到房屋建完时已经过去很长时间，此时大量楼盘开盘加上居民无力负担高房价会对房价产生抑制作用，再加上此时利率也开始上升更是雪上加霜。作为买主当然希望自己买的房子能永远升值，而不是突然受挫大幅下降。供给的突然增加再加上贷款成本上升最终会导致泡沫破灭，特别是当这些资产背后都是贷款运作，杠杆率比较高。

当贷款成本上升时，只有工资和房租同步上升才能有一个好结果。然而，假如房价与收入之间的差距没有缩小并且房屋库存大量开盘，最终结果就是要么把这些房子卖给外国买家，要么就是相对于收入来说债务大量增加。这两个结果都不太好，第一个结果是本地人没房子住了；第二个结果是让经济和银行都负债累累，因此无力改变信贷和经济状况。这两个选项都不可取，房地产商面临的现状就是没有买家愿意以他们期望的心理价位买房子。

除了越来越多的外国买家或者是另一轮债务扩张外，市场上房屋供给增加肯定会导致价格的下跌。问题在于英格兰银行面对这种局面会怎么做，毫无疑问银行压力也很大，因为家庭现在发现自己处于负资产净值的状态，而经济处于衰退风险之中。央行会进一步降低利率以稳定房价吗？需要多高的通胀水平呢？而这又会引发什么意料之外的结果呢？不管会引发什么样的结果，人们都已经厌倦了资产价格泡沫一次又一次破灭的结局。

第二十三章

金光闪闪

在1933年3月暂时停止美元兑换黄金后，美国政府宣布美元贬值，希望通过这种办法让价格再度通胀，并且缓解债务通货紧缩对商业造成的压力。1934年1月，国会通过黄金储备法案，正式恢复美元兑换黄金，但兑换比例只有原来的59%，此时一金衡盎司黄金的美元价格从之前的20.67美元涨到法案颁布之后的35美元。

“二战”后的国际货币体系是美元钉住黄金，一金衡盎司黄金固定价格为35美元，其他国家货币则与美元汇率挂钩。然而由于通胀与失业率之间存在此消彼长的关系，这让美国政府的通胀偏差总是超过预期水平，这种局面让美元钉住黄金的政策难以为继。世界上其他国家政府纷纷卖掉手中多余的美元从美国手里买入黄金，迫使理查德·尼克松在1971年8月宣布停止美元兑换黄金。

由于美元与黄金和油价挂钩（油价用美元报价），所以从 20 世纪 60 年代后期开始，美国的消费价格涨幅的年均增长率一直稳定在 5% 左右。当美元与黄金不再挂钩后，油价上涨就是迟早的事情了。在 1973 年和 1974 年阿以冲突的大背景下，以美元计价的油价大幅飙升。再加上美元不再与黄金挂钩后，政府再也不用受黄金储备的影响了，这让通胀预期进一步上升。到 1974 年 12 月，美国消费价格以 12% 的速度上涨，1976 年年底时重新回到 5%。但到了 1979 年伊朗伊斯兰革命爆发，油价大幅上涨后消费价格再度以 15% 的速度飙升。

美元、黄金挂钩终结后，黄金的美元价格出现较大上涨，这表明人们对美元作为价值储藏手段开始失去信心。到 1980 年年底，一金衡盎司黄金的价格达到 590 美元，一年前更是曾达到过一金衡盎司 850 美元的历史高点，而 10 年前这一数字固定为 35 美元。美国的消费价格涨幅只是 10 年之前水平的两倍多，而黄金的价格已经涨了 17 倍还多。在 20 世纪 80 年代和 90 年代，黄金和消费价格的运动方向趋于一致。到 1999 年 12 月时，黄金的价格回落到一金衡盎司 288 美元，而同期消费价格涨幅再度翻倍。随着央行开始执行每年 2% 的预期通胀目标，美元作为对抗通胀偏差的有效武器产生的溢价开始消失。到了 20 世纪 90 年代结束时，黄金在国际市场上基本上不受追捧了。

然后这种状态突然就被打破了。2002 年，黄金价格再次开始稳步上涨，即使同期消费价格涨幅一直保持在 2%，央行降低利率对抗假想中由资产价格崩溃导致的通缩压力。到 2007 年年底，黄金价格翻了三番达到一金衡盎司 834 美元，从 2001 年以来的 6 年里整整增长了 200%。这种变化远比美元贬值或美国消费价格上涨的幅度大，同期美元对其他国家货币的汇率下跌了大概 1/3，而消费价格累计上涨了 19%。美联储用来衡量消费价格上涨的主要指标——个人消费支出物价指数在这段时间内的年均增长为 2% 多一点，其他通胀指数大体保持稳定。

那么为什么当所有衡量通胀的指数都表明通胀在以两位数上涨时，黄金还能得到如此大的补偿呢？这是因为黄金的美元价格是资产和消费价格之间差距的体现。

在 2007 年之前的 6 年里，油价也一直在上涨，几乎比之前上涨了 5 倍多。人们无法确认这到底是由于供需失衡导致的价格上涨还是由于过剩的美元将价格炒起来了。最终美国石油产量大幅上升解决了这个问题。市场上供过于求的石油导致其价格在 2014 年和 2015 年暴跌了 2/3。可以说，油价的波动就是由市场上美元过剩造成的，让生产者错误以为相对需求提升而扩大产能。

2015 年年底时，由于预期美联储将会加息结束量化宽松政策，以美元计价的黄金价格大幅下跌，比 2011 年顶点时低了 45%。然而现在一金衡盎司 1061 美元的黄金价格仍然是 2001 年价格的 4 倍。而美国消费者产品与服务在 2001—2015 年的 14 年里累计只增长了 34%。

黄金与消费者价格之间的分离可以视为货币政策失灵产生的症状，主要表现就是过剩货币在资产领域活动，导致价格上涨，以及通缩资产泡沫破裂的风险，这种风险主要是由央行提高利率后投资者不愿冒险所致。

第二十四章

首当其冲

《多德－弗兰克华尔街改革与消费者保护法案》可以说是美国金融系统自大萧条以来最大的金融变动与监管改革，这项法案出台的背景可以用以下一段话来总结："华尔街和各大银行数年以来一直逍遥法外，正是它们不负责任的行为导致了自大萧条以来最大金融危机的爆发。这场危机让800万劳动力失业，无数企业倒闭，房价下跌并且耗尽了人们的储蓄。"

这项法案出台的直接原因与雷曼兄弟破产有关，雷曼兄弟是美国一家知名投行，金融危机期间因为不良坏账问题无法筹集到流动性资金而破产清算。在任何经济体中当一项投资恶化时都没有人会愿意借钱，因为这些资产作为抵押品风险太高。雷曼兄弟破产就跟当年 Overend, Gurney & Company 以及巴林银行遇到的问题一样，当年救助巴林银行首先援助者要打破信任危机，因为如果放任银行倒闭的话产生的后果太严重。今天雷曼兄弟面临的困境跟 Overend, Gurney & Company 公司的情况差不多，如果不救助深陷危机的雷曼兄弟，其倒闭后会引发近代金融史上最大的恐慌，之后要付出大量心血和资源才能弥补这种状况，相比之下还是在危机一开始就出手援助代价会小得多。

《多德 – 弗兰克华尔街改革与消费者保护法案》的核心就是破解大型金融机构“大到不能倒”的魔咒。现实中某些金融机构倒闭会产生极大影响，因为今天银行业不论是规模还是与经济联系的紧密性都让其不能倒闭，所以发生危机后政府总是用纳税人的钱救助它们。因此这项法案决意废除危机发生时对大型金融公司的经济救助，改为要求金融公司提交应对金融危机的具体方案，由美国联邦存款保险公司负责管理，这样所有的损失都将由股东自己和无担保债权人承担，而不会像以前一样用纳税人的钱埋单。为了保护纳税人的利益，濒临破产的公司只有用优质资产向美国联邦存款保险公司抵押才会得到贷款，这样可以确保贷款最终能够归还。联邦存款保险公司还会出面担保那些拥有偿债能力的投保银行的债务，避免发生大规模银行挤兑，但这必须经过大量行政审查。只有联邦存款保险公司和美国联邦储备委员会多数成员认为有担保必要，并且美国财政部和国会通过具体条款后担保才能成立。《多德－弗兰克华尔街改革与消费者保护法案》还对美联储利用紧急贷款救助私人公司的权力做出限制。美联储也不得向任何破产的金融公司提供贷款，任何贷款都需获得财政部同意才能贷出，并且需要足够的抵押品来防止纳税人的损失。

该法案还成立了一个金融稳定监管委员会及金融研究办公室收集分析各类经济数据，确认并监管金融机构内在的风险敞口，预防系统风险。在各项经济数据预测的基础上，委员会可以向美联储提出建议如何利用资本、杠杆、流动性等工具对银行和金融机构施加影响。如果其认为某个金融机构太过庞大，与其他银行和非银行类公司关系过于错综复杂时，就可以在其破产前有效引导这个过程减少损失。美联储每年都要对大型银行控股公司及其他金融稳定委员会认为有必要的金融公司进行压力测试，测试的主要目的是检验金融机构是否有足够的资本应对经济波动及交易坏账。如果再次发生像雷曼兄弟破产的事情时，金融机构就可以有足够的资金自救，而不必花纳税人的钱。

除此以外，法案还规定，禁止银行以自营的名义投资资产市场，以及对资产价格进行赌博式投机。同时银行也不能够赞助对冲基金或私募股权公司，这些公司也是在资产市场上进行赌博式投机，只不过是用投资者的钱而已。对冲基金和私募股权公司也没有逃脱法案监管，它们被要求向美国证券交易委员会登记为投资顾问，并且要披露它们的交易及投资组合，这样任何内在的系统风险都可以被金融稳定监管委员会检测到。

法案还批准追回奖励，如果大型上市公司高管存在金融数据造假的话公司可以追回其奖金。抵押贷款也进行了改革，要求债权人负责任地放贷，确保债务人能够归还本息，如果肆意放贷的话也会遭受惩罚。法案还有其他许多规定，保护消费者和投资者权益，提高金融衍生工具的透明度和负责性。法案其他比较重要的条款包括，标准化金融衍生品的中央清算及场内交易制度，由美国证券交易委员会及商品期货交易委员会对场外交易的金融衍生品进行监管，在美国证券交易委员会新设信用评级办公室对信用评级机构进行监督和管理。

虽然这项法案对金融业进行了众多监管改革并且设立预防措施，但这对预防经济危机并没有什么实质作用，因为它们不明白造成金融危机的根本原因，也无法理解错综复杂金融关系中的因果关系，所以法案只是针对金融危机的具体现象一项一项罗列解决办法，但对解决金融危机的源头却丝毫没有触及。

第二十四章

首当其冲

2007—2009 年的金融危机之所以没有爆发就是因为金融机构已经大到不能倒。危机之初是由于恐慌导致金融机构无法出售资产换取现金或用资产抵押贷款。在 Overend, Gurney & Company 和巴林银行发生危机时没有金融衍生品，伦敦金融城的规模也远比今天美国金融市场的规模小，却发生了同样的事情，甚至连危机爆发前的酝酿阶段也差不多：央行不愿意放出贷款，因为投资普遍恶化，经济形势不好，导致抵押品价值下降，而且如果最后抵押品一文不值的话央行无法通过议会的审核。

由于丧失信心导致金融恐慌，而且人们只要听到金融机构倒闭的事情，不管这种倒闭的影响降到多么小都会让人们丧失信心。部分准备金制度下的银行对恐慌非常敏感，但如果维持较高水平的现金储备又会得不偿失。所以一开始银行会持有较多资金，并且较少参与到冒险中。可冒险本身并不是一个问题：相比于机构持有的资本缓冲资金，同样的恐慌可能在只有一半风险的情况下爆发。恐慌会让本来良好的投资恶化，因为银行及投资者会一起抛售资产变现，让本来优质的资产贬值。当这种情况发生时，资产价格就会下降，贷款被追回，商业开始削减开支：结果反过来证实了恐慌的预测。

本章开头所述《多德 - 弗兰克华尔街改革与消费者保护

法案》出台的背景，即大银行导致商业倒闭、房价下跌和储蓄蒸发其实倒过来也完全合理。银行之所以倒闭是因为房价下跌，商业凋零及储蓄蒸发，导致银行手里的资产价值大幅下降。银行不是造成房价下降、金融市场崩溃及失业的根源。事实证明所有这些事情之间都是相互联系，而不是单向的因果关系。

房价下跌和金融资产崩溃的主因在于央行，央行一开始利用利率杠杆干预资产价格，希望通过这种方式刺激支出上涨，进而导致消费产品与服务需求增加和工资相应增加，但最后这一切都未实现。这种虚张声势的把戏证明货币政策是错误的，央行的低利率并没有促进经济稳定发展。通过预先向商业银行提供贷款以及实际负利率无法保证人们的工资会相应增长。而且如果商业银行和投资者并没有如央行所愿降低贷款标准及风险溢价，那么央行就会采取更加激进的措施，直到逼迫他们就范。但随后当利率提升时，借款人无法实现央行预期会实现的利润，因此也就无法负担沉重的债务，损失就会大量出现。所以放款人就会要求更高的贷款利率作为风险补偿，就像投资者在风险投资时的所作所为一样。当资产价格下降时，会对商业及消费者信心造成严重打击，银行手中的各类资产也会蒙受重大损失。这让他们更不愿意贷款，市场上开始出现信贷短缺，造成经济萎缩。作为美国家庭次贷违约的后果，投资者会纷纷回避这种抵押贷款证券，银行对此也无可奈何。如果恐慌进一步加剧，投资者可能会开始退出股票和企业债券市场，银行此时也会减少向商业提供信贷。

早在 1793 年市场上贷款人丧失信心的时候就证明，面对信贷崩溃时只有政府及其代理人才能够有效挽救这种局面，而且政府也不会因为这样而损失什么。确保流动性及信贷不会从金融系统中蒸发至关重要，而这个重任只有政府及其代理人才能胜任。通常向金融系统提供流动性的方法就是资金救助私人金融机构，这跟政府花纳税人的钱隔离并治疗一个传染病患者一样，这样做不仅是出于善心的考虑，还是为了集体的利益，因为一旦传染、蔓延会造成更多伤害。所以提供流动性的重任就落到政府身上，保护纳税人不会因为信心丧失及信贷崩溃蒙受损失。而且私人贷款人和借款人都是纳税人，他们交税给政府就是为了关键时刻维护他们的利益。

此外救援速度十分关键。央行的犹豫不决会加重悲观情绪，导致更多抛售，给经济造成更多损失，伤害纳税人的利益。最为讽刺的莫过于政府代理人，一脸关心纳税人利益的表情，却把时间耗费在争论究竟该不该救援上，结果却给纳税人带来更大不必要的伤害。

跟《多德 – 弗兰克华尔街改革与消费者保护法案》差不多，英国在 2012 年通过了《金融服务法案》，批准在英格兰银行内部设立金融政策委员会。金融政策委员会主要负责鉴别、监管并致力于消除危害金融系统的系统风险。法案同时还成立了一个新的机构——审慎监管局来促进银行业、房地产业、信贷及保险公司和投行的安全性和健康性，并且同时保障投保人的利益。正如英格兰银行官网发文所称：“为了促进安全性和健康性，审慎监管局主要致力于公司产生的那些会对英国金融业产生巨大伤害的问题。”

由于央行控制贷款利率，充当最后贷款人的角色并且决定货币供给，这些角色让央行自然而然也参与到了对金融系统的监管中。虽然出于好意，但央行的行为却对经济造成了严重威胁，系统危险主要是因货币政策问题而起。这是所有市场参与者都一直要面对的问题，他们对此的回应随着时间发酵之后就会对经济产生巨大威胁。

在任何交易及银行业务中，交易者及风险管理者之间都是分离的，这样做是为了确保监督者（监督交易的风险管理人员）和被监督者（代表机构进行交易的人）不会因为利益问题产生冲突。但在金融稳定监管委员会、金融政策委员会和审慎监管局中情况却不是如此。将央行以及利率委员会的首脑加入其中，在这些委员会中交易员同时也扮演了风险管理者的角色。在现行体制下，央行权力空前集中，它们犯的错最终只能由纳税人来承担，后果极其严重并且需要较长时间才能逐渐显现。

要想切实有效地监管系统风险，就需要一个独立于央行之外的独立专家组来评估货币政策可能产生的不良后果。如果短期收益是以经济内在的脆弱性为代价，并且会进一步加剧未来爆发危机的可能性，这个专家组应该有权力抵消货币政策的这种不良后果。从 2007—2009 年金融危机爆发已将近 10 年，央行仍然只关注消费价格上涨，而促成 2007—2009 年危机和大萧条的主要原因则是过剩的货币供给绕过实体经济流入金融市场。所以成立这样一个专家组应该能够及时关注到货币供给是否过剩，价格水平是否及时体现了这种过剩，应该不仅关注金融市场的稳定性同时也要关注经济整体的可持续性。

银行并未像股票市场一样陷入金融危机之中。2009 年 5 月，本·伯南克说道："美联储拥有对银行控股公司（包括金融控股公司）、参加美国联邦储备系统的州特许银行（州成员银行）、在美国经营的外国银行及经营国际银行业务的某些美国公司进行监督管理的权力。我们与联邦及州监管机构一起促进银行业的安全及健康性，保证金融业的稳定性，并且为市场参与者营造公平、公正的交易环境。在本次危机中，监管机构的专家及其出具的专业意见价值弥足珍贵，成功帮助我们处理金融机构及市场中存在的系统风险并且执行我们作为最终贷款人的角色。”伯南克的这段话证明美联储对金融系统有全面了解并且拥有极大的监管权力。商业银行的投行分支机构能够提供足够的金融衍生品信息、证券化的程度以及金融系统杠杆率是多少。而且美联储自己每季度都会发布统计数据，提供各经济部门资产负债的信息以及金融杠杆率及风险的高低。这样在政策出台之前就可以向市场发出预警信息。央行之所以没有停止信贷或者预期更高的资产水平是因为通过降低贷款标准以及金融创新，银行业实际上已经对当前的货币政策做出了回应。央行低利率政策无法保证人们的收入一定会相应增加，央行对此也心知肚明并且愿意承担这种风险。所以银行和投资者在这场危机中并不是始作俑者，央行宣称低利率是促进经济增长和稳定发展的有效杠杆，并且用货币购买力下降促使银行和投资者参与其中。

一场经济衰退和下降的资产价格不可避免地会耗尽银行的资本储备和流动性。从这个意义上来说，由巴塞尔银行监管委员会提出的巴塞尔第三协议意义重大，巴塞尔银行监管委员会主要由各国银行监管机构和央行组成。这项提议主要是为了管理资本需求、流动性供给以及更好管理杠杆利率的问题，所有这些措施都将在 2013—2019 年之间开始实行。这些措施的落实将会形成新的国际标准，让银行业在未来更具生机和恢复力。

然而虚张声势的把戏从来不只是央行和银行业之间的问题，它更多的是储蓄者和借款人之间的事情。巴塞尔第三协议确实可能让银行业更加稳固，却仍未解决资产价格脆弱的问题。整体经济仍无法承受资产价格下降的后果，也负担不了资本错配到投资领域造成的损失。

而且即使拥有大量资本，银行也永远无法摆脱资产价格下降的影响。考虑到他们一直站在这场危机的最前线，他们将永远是冲在虚张声势这场战争最前线的炮灰，会承受资产价格下跌及经济衰退的直接冲击。所以他们会变得更加不愿借贷，进一步放大危机的影响。但不管这种放大的影响有多大，我们都不该忘记他们不是发起这场战争的人。

BLUFF: THE GAME CENTRAL BANKS PLAY AND HOW IT LEADS TO CRISIS

第五篇

趋于稳定

第二十五章

真正的自由

有些人以为是自由放任的经济及肆无忌惮的银行让我们陷入低利率和资产市场泡沫中不能自拔，不断重复繁荣、萧条的循环，但事实并非如此。不是自由放任的经济政策，而是人的狂妄自大将本来极富创造性的经济变得死气沉沉，随后又想用通胀来刺激和控制经济走向。

有些人假装不知道而诧异地问："通胀，什么通胀？"这种话只能用来骗自己罢了。当人们为了避免蒙受损失而蜂拥投资资本资产时，获得的回报主要就是通胀的贡献。

有些人觉得低利率会对提高就业率有所帮助，但事实是低利率并没有产生任何好处。它只会导致人力及资本的错配，造成经济动荡，人们频繁就业失业，收入差距加大，影响社会和谐稳定。

有些人声称央行用利率来解决经济周期性循环起伏的问题，但其实央行并没有。它们所有的所作所为只是让资产价格上升，通过促进债务来刺激支出，这样只会后患无穷。

有些人说任何政策都有一个得与失，只要社会整体能够变得更加富有，即使穷人得到的好处微乎其微，那么这项政策也是合理的，这种观点是错误的。当你把央行低息政策所有的后遗症都考虑在内就会发现社会其实变得更穷了，政府债券价格上涨会证明这一点。

有些人觉得通胀能帮助我们所有人减轻债务负担，所以是合理的，这种观点是忽视了这种方法会产生的危害。这样我们举债时就不是以将来能取得的收益为考量目标，而是以将来我们的债务负担是否能够通过通胀得到缓解来决定是否举债。这会产生反面效果，信贷不再成为促进企业发展的资源，反而成为压迫企业发展的沉重负担，只有不断的通胀才能减轻企业的负担。

有些人觉得社会不公平加剧，所以要去对富人征税，但要知道征税并没有什么实际作用，只要货币政策一直让资产价格飞速上涨，这种局面就不会改变。对财富征税会打击人们劳动的积极性和创造性，毕竟这些钱都是他们辛苦挣得，而且只会便宜了政府。

经历了 20 年的消费价格上涨之后，经济学界才开始承认他们以前关于通胀会促进繁荣的推论是错误的。但不幸的是经济学界转身又陷入另一个误区中：由于经济繁荣会促进资产财富增加，所以提高资产价格将会实现繁荣。在随后的 20 年里，这种错误观念让债务飞速上涨，经济危机一再爆发，不平等问题加剧。现在我们也陷入这种假象中，相信央行可以通过利率杠杆影响资产价格进而改变经济周期循环。

人们从大萧条中学到的教训之一就是不要让价格水平一路下跌，因为这会加重债务负担，影响支出和利润。所以政策制定者从中学到教训，确保价格不会出现下跌，因为现在的价格水平是由债务创造的，一旦下降就会加重债务负担。所以如果出现下降，央行就要通过通胀让价格重新回到原来的水平上，只是这样做的后果是会造成购买力的不断下降。

通胀目标这个概念让央行可以摆脱实际经济的限制，拥有自由发行纸币的权力。通胀目标最早出现在 1898 年的经济学界，维克赛尔曾写道："不管什么时候，在任何经济体中肯定都曾经历过这样的情景，当利率处于一定水平时整个价格水平都会趋于平稳，既没有上升也没有下降。"

维克赛尔声称当过量纸币导致相对无限的需求追逐有限的资本货物时，通胀压力就会出现。由于劳动力、流动资本、土地以及生产力等现实情况的限制，资本产品的供给总是受到一定限制的，而且这些资本产品能够一直产生租金，并且需要信贷支持，贷款成本下降对其会产生非常大的影响，造成通胀水平加剧。

如果现实生活中不存在纸币的话，资本的价格（利率）将会由真实资本产品的供求关系决定。在这种维克赛尔称为自然资本利率的成本条件下，供需将会处于完美平衡状态。然而由于纸币的存在，现行的贷款成本就与理论上自然资本成本有所不同，这种不一致导致过量的纸币追逐有限的资本产品，结果就是价格大幅上涨。

根据自然资本利率的概念，弥尔顿·弗里德曼提出了自然失业率的理论，这个理论进一步发展就是今天人们所熟知的非加速通胀失业率概念——当失业率低于自然失业率时，通胀就会加速上升。这表明当越来越多的人得到就业，雇主争抢人才的竞争就会加剧，工资也会以更快的速度上升。这种工资的通胀最终会转化成消费者产品与服务价格的上涨，因为此时人们有能力花更多的钱消费了。

不像非加速通胀失业率用劳动力短缺来表示通胀压力那样直观，自然资本利率这个概念更加难以理解。然而如果我们只思考由劳动力短缺引发的加速通胀，就忽略了过剩货币主要流向了资本资产领域这一事实。这最终会在整体价格水平中有所体现，并且假设资本资产通胀最后会促进消费者产品与服务需求增长。

考虑到自然利率不易察觉，维克赛尔的对策是改变市场上的贷款成本，调高到一般物价水平，既不会升高也不会降低的水平。虽然央行现在也装模作样地在这样做，但当它们设定一个正的通胀目标并且让回报率低于这个通胀目标时，实际上它们是在降低货币的购买力。很快央行释放的这些过剩货币就会流入到资本资产领域并且会一直待在这里，弥补货币购买力下降带来的损失。因此，通胀目标要想发挥真正的作用，首先要确保购买力不会因此而遭受损失。

因此央行应该设定一个一般物价水平，这个物价现在不会变化，即使到了2115年也同样不会发生什么变化，就像“一战”之前100年的情况，一般货币购买力不会随着时间的变化而出现波动。这样银行就失去了真实负利率这一武器，并且让人们意识到央行无法利用利率制造短期的繁荣，进而消灭经济周期性波动。

通过执行这种政策可以让人们安心，他们的储蓄不会因为购买力的下降而蒸发，他们也不必蜂拥去投资资本资产。这也会大大减轻人们的债务负担，一开始人们为了应对经济中货币过剩的局面举债购买房产作为保值手段。同时这也会鼓励信贷增加，此时的信贷大都有丰厚的回报，即使利率比较高也能够得到偿还。风险投资也主要会用于创造价值而非泡沫，不会陷入央行虚张声势的把戏中。

央行并不像我们想象的一样强大，同时无法确保充分就业、保障货币购买力并且保持金融系统的稳定，所以我们要分离央行的某些职能。但这绝不意味着淡化央行的重要性。央行仍然有设置利率的权力，确保一般物价水平保持稳定，既不会上升也不会下降。原来预期 2% 的消费价格涨幅也会降到 0。央行还将负担防止一般物价水平下降的重任，就像美联储在大萧条时的措施一般。它们必须确保金融系统是稳定的，并且能够一直提供贷款，时刻准备在市场发生恐慌时提供必要的流动性。由于此时金融系统提供的贷款主要用于实体经济的生产以及制造新的价值，所以市场发生恐慌的概率也大大降低，几乎不会发生。

央行在向银行业提供流动性时，应该主要关注其账面资产的可靠性和质量如何。任何银行业危机都是由于资本错配造成的，一开始先是真实负利率的强制影响，随后是监管失败，最后是商业银行及投行在其中起到的错误引导作用。因此央行的银行家们应该跟商业银行和投行的高管们一样实行绩效工资和补助，如果某家受监管的金融机构由于抵押品不足或者流动性问题而破产，那么就可以追回央行高管们的薪酬。

这种方法在某种程度上可以避免纳税人因央行监管和政策失误而遭受不必要的损失。

央行仍将继续拥有足够的自主决策权，决定如何实现一般物价水平稳定以及整个金融系统的稳定。理想状态下，央行高管们的薪酬应该与一般物价水平的变动挂钩。由于通胀事后一般都伴随着通缩，这对所有人都是不利的，所以此时央行也就没有动力制造通货膨胀。此外，如果央行有能力将通胀目标成功控制在 2% 的水平上，那么它们也同样能够将其控制在 0。

许多人心中不禁会浮现出一个问题：“如果一般物价水平与经济衰退同时出现该怎么办？如果发生这种状况，央行难道不该降低利率促进经济增长吗？”公众会得出这种结论也是情有可原的，因为他们一直被引导按照这种思维模式思考。如果央行能够降低利率刺激通胀，让经济实现可持续发展的话当然可以，但过去 20 年的实践证明，央行最后无法实现经济可持续发展，最后发生的只有资产价格的大起大落和经济泡沫破灭。从 20 世纪 90 年代后期一再发生的金融危机不是由商业银行和投行的贪婪、欺诈造成的，而是由央行的错误政策造成的。一旦我们明白这一点，我们就会明白央行的最大作用就是在不改变货币购买力的情况下保持价格稳定。

第二十五章

真正的自由

按照凯恩斯失业率及低水平增长率之间的联系，刺激经济增长的办法就在于政府承担责任，刺激社会总需求的有效增长。为了弥补衰退时期企业角色的缺失，政府就应介入其中参与生产性及创造新价值的社会活动，由于这种活动使用了新的生产资料所以不会造成通胀。而且促进消费者支出增长首先应该降低消费税率（包括营业税和增值税）。毕竟如果政府的代理人（央行）在降低利率努力促进总需求增长，而政府（比如说英国）却将增值税率设定在 20% 抑制消费支出增长，这听起来有些荒谬。

当经济陷入衰退时使用增值税和营业税来刺激总需求增长能够保证均衡增长，而不会导致需求涌向资本资产领域。当税率下降时消费者支出就会增加，生产者对此也会做出积极回应，增加雇员生产更多商品满足需求的增长。同时为了防止商家私吞税率下降的优惠，而非将其反映在下降的商品价格上，政府可以允许消费者直接申请消费税补贴，由此产生的任何行政成本负担都是值得的，因为消费者可以将得到的高达 20% 的退税用于消费。这种刺激也意味着人们不用再省吃俭用，最终陷入节俭悖论的困境中。

知道会面临衰退的另一个心理好处是会免除对消费征收的沉重税负，消费者只应征收个人所得税，其他税种都是种负担。而且低收入人群将更多收入用于消费支出，最后他们获得的收益也远远比富人多。而且由于消费税收减免意味着一开始不必再举债牟利，政府也就不用为了对抗经济衰退而增加私人部门的利率杠杆。

利率的制定将与目前央行的所作所为没有区别：通胀目标为0意味着央行再也无法实行实际负利率的政策。即使央行将短期贷款利率调到0，一般物价水平也在下跌的话，它们仍然可以通过非常手段进行宽松操作。至于构成一般物价水平的指标则基本上与今天相同，即一篮子消费者产品与服务的一般价格。

只有所有央行都达成共识，零通胀的目标才能够实现。因为通胀会造成货币贬值，这样对不通胀的国家不公平，造成出口劣势。当然即使某个国家单独实行零通胀也是有好处的，因为长期稳定及真实的经济增长会弥补短期出口下滑造成的损失。

对零通胀政策的抵触情绪主要来自于政府方面，他们认为通胀是唯一能够解决当下债务问题，而不将其遗留给下一代的方法。政府不是唯一这样想的，那些债务堆积如山的人都指望通胀能够拯救他们。但这种观点本身就有问题，如果今天的债务会以明天通胀的方式来减负，那么这种预期会不会造成新一轮非生产性的贷款热潮，进而造成货币购买力下降让人们蒙受损失，更何况人们之前蒙受税收的损失。通胀实际上就是另一种隐秘形式的税收，政府不用对此负责。作为一种折中之策，零通胀目标政策可以在一段时间内缓慢执行。缓慢地通胀到这个目标可能会减少现存债务的实际负担，但同时预期变化本身也会限制信贷疯涨。

央行能够确保实现稳定的一般价格水平吗，还是说这是种奢求呢？事实上，央行到底能否实现 2% 或 0 的通胀率取决于它们到底多大程度上想要执行这项政策。如果通胀目标多次超过预期设定并且没有得到修正，那么通胀目标很明显就是虚假的，会导致资本资产及消费者产品与服务的价格通胀。在现行体制框架内，除非央行不想控制，不然它们是一定有能力控制通胀目标的。零通胀政策只是取消了央行实现实际负利率的权力。害怕利率低于 0 导致通缩和经济不景气都是没有必要的，因为稳定的价格水平会及时纠正失衡的通胀目标，最后回到 0 左右。

虽然零通胀政策会平息人们投资资产泡沫热潮，但人心本性永远难以得到根治，人们总是会梦想一夜暴富并且一窝蜂地进行投机活动。但正如历史上所发生的，这种行为只是零星的，即使发生的话影响也只会局限于一代人之内。只要银行能够得到有效利用和监管，任何负面影响都可以降低到最小程度。央行为了刺激经济增长而驱使大众疯狂投资股市、楼市和债市的情况再也不会发生，也不会给人们错误的暗示，让他们以为能够获得丰厚的资产价值回报。

第二十六章

不确定性原理

1927年，著名量子物理学家维尔纳·海森堡提出了不确定性原理，这是一种与经典力学完全相反的理论，海森堡反对经典力学“相同价值尺度可以用来衡量所有实在物体”的结论，他提出我们无法用同样的精度衡量亚原子粒子的位置以及动量。要想确定一个电子的精确位置取决于照射该电子的光线的波长。为了更精确定位，我们要使用波长更短的光，但这样做的话电子与光线之间会发生相互作用，因此会影响电子的动量，光线的波长越短这种影响越大。因此不确定性原理总结到，我们越是精确定位一个电子的位置就越不可能准确衡量其动量，反之亦然。通俗点说就是我们对事情的一个方面越熟悉就越可能一叶障目而忽视其他方面。

该理论同样也适用于经济，在现实经济中，贷款的质量和数量同样会产生这种平衡效果。我们越是确定低利率会产生的贷款数量，就越无法确定这些贷款会对经济造成什么影响。

这是因为低利率改变了大家关注的焦点，将大家的目光从投资产生现金流的稳定性转移到贷款成本的可偿性。当更多的债务变得可以负担得起时，就会产生更多的贷款。然而仅仅因为产生了更多贷款并不意味着将来就一定会产生更多现金流收益，用来偿付贷款成本。比如，一个借款人以 5% 的年息借了 60 万美元，或者以 2% 的年息借 150 万美元，二者每年的利息成本都是 3 万美元。所以当债务成本相同时，更低的贷款利息能够释放更多贷款。一座用更低贷款利息买的房子其租金可能不变或者下降，房子的价值可能也不会进一步上升。

2007—2009 年金融危机爆发后银行家的年底分红被追回，这种惩罚措施可能意在让银行家忠于职守，谨慎对待自己的工作和决策，确保贷款不管质还是量都是可靠的。但在自由市场体系中，经济活动是受价格驱使而非各种主观的价值判断。此外低利率一开始就是为了释放廉价贷款的信号，让之前的贷款成本变得更低，鼓励大众进行风险资产投资。然而银行家希望绕开由央行主导的价格信号，而能够自主决定贷款问题，他们声称这样做可以改变风险投资收益的不确定。

设想以下情形，假如政府强制规定市面上巧克力的价钱为一块巧克力一便士，但政府不售卖巧克力，而是由超市出售，所以如果此后一段时间肥胖或糖尿病发病率升高的话，超市作为出售巧克力的机构要对这种现象负主要责任。此后超市出售巧克力时，都会做出价值判断，对顾客的体质进行考查，确定是否具有肥胖、糖尿病以及暴饮暴食的特征，在这种判断的基础上决定是否出售巧克力给顾客。但超市负担这种责任本质上来说是不公平的，因为政府改变巧克力的售价就是为了让人们消费更多巧克力，而且也预见到了这会增加疾病的发病率。与此同理，由商业银行和投资银行承担经济不稳定的责任也是不对的，它们只不过是对低利率做出了正常反应而已，而且不应该对贷款增加造成的不确定负责，这是大众层面自主做出的选择，不是银行的错。如果投资者提高自己的贷款标准时，央行更是会通过种种手段促使他们降低自己的标准。

当失业增加时，央行觉得自己动作十分合情合理，它们以为债务增加最终会增加就业和人们的收入，即使不确定性原理在这里同样适用。失业人数增多时增加贷款并且投资并不一定能保证这些投资总是优质的，就像在人们饥饿时降低巧克力的价钱并不意味着这对人们身体健康有益，或者提供他们需要的营养。

政府为了确保金融稳定，赋予央行在经济繁荣时决定额外亏损吸收资本的权力，这样能为以后的经济萧条做准备。

这也是为了在高利率无法阻止贷款增长时，能够有效降低银行业提供贷款的速度。经济繁荣后期制造的不良贷款又一次模糊了贷款质与量之间的平衡效应。低利率导致债务增加，同时增加的风险还有债务可能无法得到偿还，不论何时债务都有这种风险。

更高的亏损吸收资本缓冲可能让银行面对危机时更加有恢复力，但这并没有纠正一开始就犯下的错误：为了刺激经济增长而实行低利率及货币购买力下降的政策，希望这能刺激市场参与者举债追逐资本资产，从一开始就是错误的。

如果债务是借款人和贷款人之间的契约义务的话，那么将这些契约义务打包成各种投资证券的需求主要是来自于除银行业之外的第三方投资者，包括养老基金、私人和机构投资者的储蓄。为了应对低利率导致的购买力下降，这些投资者在 2007—2009 年美国房地产次贷危机爆发前期大量购入证券化资产以及相关的金融衍生产品。以上面所述为例，他们实际借了 150 万美元而不是 60 万美元，就是为了赚取每年 3 万美元的收益。赚取同样的收益却要更高的杠杆率，这种货币政策会增大财富破灭的风险。投行作为包装并出售这些证券的经纪人也会持有一些这种证券，并且会承受这些资产价格下降的风险，这会让问题进一步恶化。但是有些投行作为中间商缓冲风险，再加上足够多的资本吸收资产价格崩溃的损失，这能够让整个银行业增强抵御风险的能力。但是无论如何，实际负利率导致贷款质与量之间的平衡效应却会一直存在。

央行关注的焦点应该从银行业金融稳定转向整个经济的稳定，关注贷款的质而不是量，减少由于资源错配导致的财富破灭。如果货币能够保持购买力不变，人们也就不必被迫进行风险投资，甚至对收益的可靠性都无法确保。这反过来会减少资本的错配，增加真正创造价值的经济活动，资产价格崩溃导致的财富损失风险也会降低。这种经济及价格稳定会确保银行业更加稳固，经济增长的基础更加坚实牢固，创造更多社会价值，不会被资产价格的大幅度波动而拖累。

第二十七章

经济学与意识形态

2007—2009年金融危机爆发后，人们纷纷指责经济学没有实现其应有的责任，帮助人们识别并且预防危机。在发生危机时，经济学解释收入、财富生产和分配的理论并没有发挥任何实质性的作用，帮助经济走出困境。但是如果仅就经济学作为一门学科，内在的一致性及广度而言其并没有任何问题，而且危机发生后经济学的关联性也没有减少，因为确保及维持收入和财富最大化一直是最重要的任务。

然而经济学本质上非常容易受意识形态的影响，意识形态总是带有强烈倾向性，想要扼杀不同观点，带着一种自以为好心的优越感凌驾于社会意识之上。相信真实负利率及购买力缓慢下降能刺激社会经济实现最大生产潜能，也只不过是一种意识形态而已。像所有的意识形态一样，这种意识形态通过散播大萧条可能再次发生来引导社会舆论。

由于通胀与繁荣之间存在一定联系，人们总是以为通胀是好的，这种观念根深蒂固。独立的央行维持较低的通胀只是为了向公众保证货币的购买力损失每年不会超过2%，这样人们就可以修正自己的预期并在做决策时考虑在内。

如果事情真能按预想的发展，即通胀能够提前被预支并且做出补偿，那么公众就可以从政府控制通胀的影响中解脱出来。然而表面上2%的通胀率只不过是实际负利率的掩饰而已，借口就是为了促进就业。央行通过实际负利率降低了货币购买力，想要通过这种方式刺激资产价格上涨，并且通过资产价格机制实现真正的经济增长。但是随后资产价格上涨并没有同步传导到消费者产品与服务上，这让两者之间的差距进一步拉大，资产价格没有坚实的经济基础做支撑。最终这些资产价格泡沫会在某一时刻最终破裂，形成危机。

由于金融及经济之间的这种相互影响关系，许多学术著作主要聚焦于投资者的行为分析，细致讲述人性中过度自信及乐观的情绪让他们投入到资产价格泡沫中。虽然这些著作探讨交易者和投资者将资产价格推向泡沫化听起来十分有道理，但却莫名其妙地将央行排除在人性弱点之外。似乎这些能够影响交易者和投资者的东西却对那些控制利率、让资产价值上升的人没有任何影响。

过去20年学术界的主流观点认为，利率在经济中的角色只是促进经济增长以及消费者价格上涨，完全忽视了低利率会让股市和楼市价格大幅上升，并且增加社会的债务负担。一些经济学家主张央行对资产价格失调做出反应，上调利率抑制投资者的投资热情，防止经济波动演变成危机。然而这种观点之所以被杰克逊霍尔共识所忽略的原因在于，资产价格是增长的渠道，它们系统地被低利率促进上涨，借口是集资以及投资者动物本能的原因，希望通过这种方式最后能形成自给自足的循环。万一由于收入问题这个循环无法实现，而银行又在此时提高利率，将之前费劲辛苦吹出来的泡沫弄破，那么央行的举动看起来就会很愚蠢。

学术界一直不承认资产泡沫完全是一件有百害而无一利的事情。有一种观点认为由于资产能够充当财富代际转移的渠道，老一代人就能够通过将手中估值过高、可能变得一文不值的资产卖给年轻人获得更多钱用来消费。年轻人以虚高的价格购买老人手中的资产，老人获得钱后可以更多地消费支出，这样估值过高的资产或者说泡沫就可以解决年轻人手中储蓄过多的问题。泡沫破裂就意味着剥夺老一代人用储蓄进行更多消费的权利，即使这些钱能够得到更有效利用。因此这种逻辑得出来的结果就是如果资产泡沫自己破裂，政策制定者就应该再制造出一个新的泡沫来。而且，聚焦当下对政策制定者也有政治上的收获，所以即使这会导致资本的错配，他们也会倾向于支持能够促进现在消费的政策。从格林斯潘时代起，美联储及全球央行对金融市场的大力支持就是对这种理论的验证。由于政策制定者的年纪一般都比较老一点，所以他们自然而然地会倾向于支持一项能对老一代产生好处的政策。

在经济学界一直有一种理论，并且颇受大众欢迎的就是将资产泡沫归咎于资产管理产业，或者更准确地说是管理储蓄资金的基金经理。人们认为基金经理水平有高有低，好的基金经理能够分辨清楚哪些是估值过高的股票，哪些是潜力股，而差的基金经理却不能。而储户无法辨别哪些基金经理水平高，哪些基金经理水平低，也就是因为确实存在水平高的基金经理才让基金管理这一行业能够得到人们的信任。但是这也给差的基金经理提供了掩护，由于基金经理能够从收益中获得奖励，而不必为损失付出什么，所以差的基金经理就可能肆意用储户的钱进行风险投资而不考虑风险问题，可能会轻率地购买估值虚高的资产。当这些差的基金经理承受业绩压力时就会冒更大风险购买这些虚高的证券产品，心里抱有侥幸心理，希望能够在泡沫破裂前出售这些产品。这样做其实也在助长泡沫。

这种观点跟凯恩斯关于投资和投机的理论有点像。好的证券投资经理会依据长期收入来做决策，而差的是根据猜测别人的心理进行投机，他们会将所有因素都考虑其中，希望在价格崩盘前能及时出手手中的资产。由于差的基金经理受分红刺激会更加乐意冒险，花更多钱买那些估值过高的资产，因此对于泡沫的出现及破裂他们也难辞其咎。

将资产价格泡沫出现和破灭的原因推到交易者和基金管理产业上来是一种十分讨巧的办法，这却忽略了自 20 世纪 90 年代以来资本管理的新趋势。在资本管理界总共有三种类型的基金经理：第一种是传统的资本管理者，会根据标普 500 或富时全股指数等大盘指数做出投资决策；第二种是与之相反的对冲基金经理，他们的投资决策完全独立于大盘指数；第三种就是那些管理交易所交易基金或指数基金的人，他们主要以特定指数为标的指数，并以该指数的成分股为投资对象。购买指数基金可以让储蓄者绕过证券经理，不必遭受差的证券经理投资失败的损失。

通常来说，收益率高达 20% 的对冲基金比较喜欢在适当时机出售那些估值过高的资产而不是买入。他们的行动如何导致资本市场泡沫尚且不清楚。传统的根据大盘行动的资本经理也可能为了红利而购买估值虚高的泡沫资产。但从他们资产的组成中可以看出，基金管理人除了追逐这些资产外选择的余地也很少，毕竟资本管理人只是储蓄者资金的保管人而已，他们的行动受到储蓄人的影响。

而且在 20 世纪 90 年代的趋势是储蓄者将钱从传统经理人那里取走放到对冲基金或交易所交易基金那里。投资类别是由储蓄者自己决定，基金经理只是具体进行投机操作赚取利润。资本管理人在进行高风险的资产泡沫投机时忽略了利率对资本资产造成的巨大影响，资本分配决定是如何做出的，以及为何要做出如此决定。

人们可能会继续寻找其他解决资产价格泡沫出现的办法，而央行也会继续其原来意识形态的老把戏。央行不可能公开承认对 2007—2009 年的金融危机负责，也不可能承认资产价格的过度上涨本身不是泡沫激起的，而是政策失败的结果。但迟早，不断发生的资产价格泡沫以及一系列后果会让人们开始意识到这是央行的责任。而在此之前，商业银行和投资银行会一直相互指责并否认自己的责任。

第二十八章
尾 声

“狼来了，狼来了！”在放羊娃的呼喊声中，村民们拿着武器来驱赶饿狼保护羊群。但其实根本没有狼来偷袭，这只不过是放羊娃的恶作剧罢了。村民赶来时，放羊娃假装狼已经跑了，人们纷纷称赞放羊娃的勇敢。几天过后放羊娃再次故技重施，只是这一次人们发现还是没有狼之后对放羊娃的话开始出现怀疑。结果等几天之后狼真的来了，放羊娃不管怎么呼喊都没有人赶来救援，因为人们都觉得这是小孩子的又一次恶作剧。伊索寓言中这则小故事的寓意是你或许可以愚弄一个人一两次，但这是有代价的，会透支你的信用，人们以后不会再相信你了。

要想降低利率促进股市和不动产市场价格上涨，进而实现可持续发展，首先你得让公众相信最终企业会受益和员工工资也会上涨。每当央行降低利率并且声称就业会随之而来时，它们以为工资会随之增长，但如果实现不了的话，一旦利率上涨就会让股价和房价崩溃。每次崩溃危机过后，投资者的信心都会丧失一点，变得更加不好摆布。当 2000 年全球股市开始崩溃时，投资者相信了央行的说辞，将钱投入到房地产市场。当 2008 年 9 月雷曼兄弟破产，金融危机爆发后，投资者更加不愿意按照央行的摆布行动，但最后还是被央行货币宽松的政策成功胁迫。但如果利率继续上升，工资和企业收入没有上涨到足以维持更高资产价格的水平时，危机还是会再次爆发。经历多了这种事情后投资者迟早会变聪明而不再相信央行的话，哪怕以后真该相信的时候也不会再相信了。

这种情况会引发股票市场和房地产市场价格下跌，蒸发人们的储蓄，让房屋所有人处于负资产净值状态，最终引发通缩崩溃。这时候即使央行降低利率，私人和机构投资者也不会贷款进行风险投资了。原先预想的人们踊跃贷款投资的情形并没有出现，人们现在都心怀疑虑，不想再重蹈覆辙。储蓄减少以及负资产净值会让房主减少开支，由于消费者开支减少，商业就会萎缩。不管银行亏损吸收的能力有多高，面对价格下滑、支付延期以及商业破产的现状，银行都会开始限制贷款。如果央行此时打算通过购买政府债券以及其他资产的方式释放流动性，就会发现，这些措施也没有以前那么好用了。就像放羊娃多次欺骗人们导致没有人相信他一样，此时央行会发现疲惫不堪且疑神疑鬼的公众再也不会陷入央行虚张声势的把戏了，此时面对市场不断恶化的现状央行将无力应对。

很明显这是央行不想看到的结果。央行也知道会陷入进退维谷的境地：让资产泡沫继续膨胀或者在工资能够赶上来之前让其破裂。因此 2007—2009 年金融危机之后的恢复是一种平衡做法，央行会让股市和不动产市场继续以一定速度保持通胀，等待工资涨幅赶上资产价格。由于经济危机主要集中在房地产市场，所以即使美联储知道房价是刺激经济发展更合适的资产类别，它还是会将廉价贷款引向股票市场。美联储还会警惕政府债券收益率降低的问题，因为这可能向市场释放一种未来经济发展前景暗淡的信号，或者导致另一种极端，即杠杆率飙升的问题。所以它们可能努力降低资产价格并且刺激金融市场的小幅震荡。

2013 年 5 月，伯南克发表了一番意味深长的讲话，与美联储小心释放低息贷款政策相左。虽然当时美国经济明显无法承受加息的后果，伯南克的这番讲话还是导致持有美元债券的人遭受巨大损失。并且当利率突然上升时，股票市场也会迅速下降。然而美联储想要贬低市场不可能产生持久的影响。考虑到央行努力想实现虚张声势，这种言论可能是一种现状核实。最终 2013 年时的利率上调被证明只是暂时性的，利率很快就跟美联储和英格兰银行的声明相一致，迅速下降。

股票和房地产市场面对新一轮的低利率行情价格再次上涨。

这种贬低手段的唯一目的就是为了保持资产价格，以便工资能够涨上来，哪怕是以通胀的形式。在让资产价格降温的同时要等待工资幅度涨上来最终可能导致适得其反的效果，但这并不是完全无效的。只要央行能最终保持市场震荡，并且没有在这个过程中造成任何伤害，这很可能是唯一让央行从过去 20 年的金融动荡中摆脱出来的办法。

如果这种策略奏效，央行就可以从 2007—2009 年金融危机之后的低利率政策中抽身而出。这种结果是最好的，经济会持续增长，稳定的通胀会促使其他收入增加以及工资上涨，利率会稍微高一点，而资产价格则不会太高。

然而，央行通过低息贷款控制金融市场和货币购买力下降的方法制造经济增长，以及上调利率降低通胀率对公众都会产生很大影响。加息可能最终会导致经济衰退，前者则可能会导致消费者产品服务价格和资产价格升值之间的分裂，资产泡沫会因为难以为继而破裂。最后消费者与资产价格升值之间的分裂会造成社会关系紧张以及金融动荡，规模会史无前例。在理想状态下，央行不得不承认它们能促进经济稳定与发展的唯一方法就是保证货币购买力不会下降，并且在市场需要时向金融系统提供流动性。如果不这样的话，它们虚张声势的把戏被拆穿只是时间问题，最终只会导致另一轮经济动荡。

经济真正的发展来自于人类的创造性，而非通胀的刺激。事实证明，央行刺激房价和股价上涨，并且鼓励债务扩张，最后都变成了坏账，这条路是无法实现经济增长的。有些人一厢情愿地以为央行修正利率刺激经济增长，可以将我们从经济繁荣、萧条的周期中解放出来，但这是不切实际的空想。央行顶多可以夸耀一下自己已经清理了自己制造的混乱，只是代价很大。

购买价格虚高的资产既不会让人们远离通胀的威胁，也无法充当安全的养老金保值渠道。有些人购买资产想要传给下一代，但他们要明白留给孩子最宝贵的人生财富就是教导他们什么是真正的勇敢、职业道德以及百折不挠的精神。在伦敦买一套房子并不一定总是会增值，只有英格兰银行持续释放流动性，并且这些多余资金绕过实体经济流动到资产领域时房价才会上涨，而此时消费者价格却一直处于低位。短期来看房价是上涨的，但最终泡沫还是会破裂，房屋价值会下降。

为了自身利益着想，我们最好还是质疑今天央行的决策，并且要求政府保证一般物价水平保持不变，这样我们的收入和储蓄的购买力才不会随着时间变化而下降。以经济增长的名义实行实际负利率就像以和平的名义发动战争一样，最终只能起到适得其反的效果。